difendere e servare illesi, felice patria nostra.

Io ragionai in prima in p..... come uomo che così creder dee, lui essere nato libero nel suolo d'Italia, come per diritto di natura tutti gli uomini nascer dovrebbono in ogni paese (1), se una piccola parte di essi, per appagare, a danno ed a sconcio de' più, l'avidezza, l'avarizia, le vanità, e gli altri lor disordinati e viziosi appetiti, non avesser sempre dato mano, e tuttavia non dessero a' conquisti, e alle usurpazioni, per via delle quali oggidì tuttavia interviene che in più Stati Europei schiava di pochissimi, ed eziandio stranieri, sia, anche prima del nascere, l'umana generazione. Or se, per nostra ventura, così non fosse come è nella patria nostra, io già divisai nel ragionamento ch' io diedi fuori nel 1814, e compendiosamente anche nel primo di questi (2), quale ordinamento aver dovrebbono gl' Italici Stati, perchè felicità vera e piena avessero nell' amenissimo no-

(1) « On prouve en *droit naturel*, que tous les hommes tiennent de la nature une liberté et une indépendance, qu'ils ne peuvent perdre que par leur consentement. » *Vattel. Prélim.* §. 4.

(2) A facc. 73, e 74.

stro paese, non già pochissime famiglie, generalmente d'origine straniera, ma la intera consorteria delle natie italiche genti. E in effetto, poichè sì prosperevolmente progredir si vede il libero e bel governo degli Stati Uniti Americani, paradossa opinione non può esser più questa, che il più confacevole ad una gran parte degli uomini, il più bene statuito, il più atto a servarli diuturnamente in libertà, senza quasi alcuna tema di licenza e di romori, il più soddisfacente e generalmente il più confortevole a' più, ed in somma il più utile ed il reggimento migliore che abbiano gli uomini infino a qui avuto, e che forse aver si possa, quello è del collegar *federalmente* le diverse parti d'un grande Stato per via di più adunanze di legislatura, le une tenenti su gli occhi alle altre, e tutte di pari concordia ed assiduamente rivolgendogli e verso il popolo, e verso il temporaneo rettor supremo e i minor magistrati, perchè quello non sia leso ne' suoi diritti e viva lieto e soddisfatto, e questi altri sien vigili nell' uficio lor commesso, e nulla imprender possano con effetto, nè contro i fermati ordinamenti dello Stato, nè contro la pubblica, non che privata libertà de' cittadini. La legge fonda-

Dell'italia, Uscente Il Settembre Del 1818, Ragionamenti Iv....

Luigi Angeloni

DELL' ITALIA,

USCENTE IL SETTEMBRE

DEL 1818.

DELL' ITALIA,

USCENTE IL SETTEMBRE DEL 1818,

RAGIONAMENTI IV

DI LUIGI ANGELONI, FRUSINATE,

DEDICATI

ALL' ITALICA NAZIONE.

Cari sunt parentes, cari liberi, propinqui, familiares; sed omnes
omnium caritates patria una complexa est : pro qua quis bonus
dubitet mortem oppetere, si ei sit profuturus? CIC. *Off.*

VOLUME SECONDO.

PARIGI,

APPRESSO L' AUTORE,

NELLA STRADETTA RIMPETTO AL TEATRO FRANCESE, N° 4.

1818.

DELL'ITALIA.

RAGIONAMENTO III.

Ulterior discussione, e disamina sopra lo stato presente d'Italia : conclusione.

Iᴛᴀʟɪᴀɴɪ, miei carissimi compatrioti (che tutti così per me voi siete, quale che si pur sia l' estrema, o l'interior parte della nostra dolcissima penisola in cui abbiate avuto il natale), voi potete aver conosciuto a tutto quello che infino a quì fu per me ragionato che, quantunque nè eloquente nè dotto dicitore, pur di me voi certamente aveste difenditor zeloso e tenero dell' onor nostro, e de' patrj nostri diritti. Che nel vero, essendo quello volutosi vituperosamente denigrare, e questi vilipendere a questi anni passati, io a mio poter quì procacciai come fosser le false imputazioni contra il nostro onore al tutto dimentite, e chiariti ad una ora, se non poturti

mentale con tutte le altre suppletive leggi; sono perciò colà le dominatrici, nè alcuno è che sia più di quelle (3).

Ma in generale niuno ivi ha, nè aver può la menoma concezione, o la men che onesta affezione di generare a così fatte leggi alcun nocimento, sì perchè nel pieno loro adempimento sta la felicità, ed il vero bene di ciascheduno, sì perchè a chiunque ordire o tentar volesse alcuna malvagia opera contra lo Stato, ogni uomo animosamente si leverebbe contro, di che sarebbe incontanente il turbator messo in fondo. Nè quivi fa perciò mestieri di grandi titolati statisti i quali, con sommo pubblico spendio, abbiano un lunghissimo codazzo d' investigatori e di spie, presti sempre, non pure al dinunziare segrete immaginarie trame, ma al sospigner gli uomini ad ordirle, per poter poi, in isvelandole, trarne larghissimi guiderdoni. Ogni uomo in que' felici Stati, senza sussidio di prezzolate genti, è delle pubbliche cose

---

(3) Il popolar reggimento di que' felici Stati è parto delle più sottili investigazioni de' più alluminati uomini de' moderni tempi; nè alcuno de' reggimenti delle antiche repubbliche, nè alcun di quelle delle età seguenti puossi in verun modo a quel degli Americani Stati porre pari.

il sostenitore; perciocchè nella stabilità, e nella durevolezza di quelle consiste, non già de' pochi, nè de' molti, ma di tutti i cittadini la libertà, la quiete, e in generale altresì l' agiatezza (4). Gli uomini sono pur colà, come ogni dove sono, cioè più o meno forti, più o men robusti, più o meno ricchi, ma tuttavia alcun non evvi che in sul nascere sia privilegiato, o posseditore di lucrosi, o dignitosi ufici; nè alcun quivi si vede andare ornato di molti serici decorosi nastri (5), di

(4) E che sia vero quello ch' io qui dico, si può vedere eziandio per questo che, senza tema di turbamenti nelle pubbliche cose, non pur sono colà ricevuti, ma fatti eziandio cittadini, alcuni uomini che altrove furono licenziosi, rapaci, e ad una ora i più ferventi sostenitori delle più nefande tirannie. Le parti vitevoli di quella repubblica sono dunque sì sane, e sì ben disposte, che nè eziandio il tossico par che le possa guastare, nè corrompere. E ben per questo alquanti battaglieri del Buonaparte, colà rifuggiti non ha guari tempo, trovando per lor troppo duro quel dolce ozio di libere cose, e quella impermutabile serenità di viver civile; se n'andarono in alcune inospiti contrade, per potere a lor bell' agio fondar quivi campi bellici, coorti, capitanati, ed altre guerresche opere: sole le quali essi sospirano, e senza le quali par ch'e' viver non possano.

(5) Egli è ben anche colà una certa aggregazione

pendevoli medaglie, di ondeggianti tracolle, di affisse chiavi, nè di altre simiglianti scipidezze. Per la qual cosa ad invanite, a prepotenti, nè a dominatrici persone l' uom non si abbatte giammai; nè essendo egli perciò costretto a rendere ossequio, e trarsi di berretta a gente che il più così sono ignoranti e sciocchi, come sono alteri ed orgogliosi, serva tutta la sua naturale dignità, ed il suo decoro. Ma i magistrati, e le podestà vi si hanno debitamente in reverenza, e non tanto forse per l' uficio che da lor si eserce, quanto perchè ciascun sa troppo bene che il popolo, che quell' uficio lor commise, sì fattamente onorolli, perciocchè essi erano virtuosi uomini, e costumati, e sovente anche dotti. E così anche in America avvenir si vede quello che dell'antica Roma già diceva il gran *Segretario Fiorentino*, cioè che il popolo romano « in tante centinaia d'anni, in tante elezioni « di consoli e di tribuni, non fece quattro « elezioni di che quello si avesse a pentire (6). » In somma in quella felice americana terra, dove l' uomo esser non può da chi che sia

---

detta *di Cincinnato*, ma quantunque sia cosa tutta popolare, pur non se ne fa più ora quasi che conto veruno.

(6) Disc. sopra la prima deça di T. Liv. lib. I, c. 58.

impunitamente ingiuriato, nè tenuto a vile,
nè fattogli torto od ingiustizia, nè oppressato in alcuna maniera ; quella piena civil
libertà, e quella prosperità temporale si ha
ora a godimento la quale di gioire è conceduto all' umana natura.

E della parcità delle spese di quell' egregio governo, e per conseguente della modi-
cità delle imposte di cui sono gravati i cittadini, tra le altre tante cose che dir se ne
potrebbono, sola una io dironne che varrà
ben per tutte, perciocchè da sola quella,
come da base principale, certissimo argomento aver si potrà per sanamente giudicar
del rimanente; e questo è che l'annua total
provvisione del reggitor supremo di quella
repubblica è di sole venticinque mila piastre,
o in quel torno. Posciachè dunque così assegnata è la provvisione di colui appo il quale
è il sommo maestrato, assai chiaro conoscer
si può che proporzionevolmente molto più
parca quella esser debba delle persone che
esercono quivi i mezzani, non che gl' infimi
uficj. E da questo più oltre procedendo,
prender puossi altresì certissimo argomento
che molto tenui anche esser debban quivi,
come in effetto sono, tutte le altre pubbliche

spese. Or, queste essendo moderatissime, sì le imposte non sono gravose, nè per conseguente nel minuto popolo (il qual delle gravezze sempre sostiene più duramente il carico) non è nè miseria nè stento, ma è agiatezza, anzi che no. E perciò ciascuno leggiermente crederà che quivi dove il popolo trovasi in così fatto stato, quivi medesimo non odasi pressochè mai favellare nè di eccidj, nè di furti, nè di falsità, nè di artificiosi incendj, nè di pubbliche prezzolate dissolutezze, nè di altre sì fatte umane pestilenze.

Conviensi altresì dire che alla repulsazione di queste calamità pubbliche, molto quivi eziandio contribuisce la diffusione, e la permutazion vicedevole nella possessione de' beni stabili.

Dove sono più onerose le imposte e i soprappesi pubblici, che sieno nella Gran Bretagna? Per certo in niuna parte del pianeta nostro. E dove sono più ricchi posseditori di beni stabili che, non solamente sviluppar non è conceduto dalle mani d'una stessa stirpe, nè in quelle menomare in alcuna maniera; anzi, quanto più l'uom voglia, aumentar possonsi nelle mani stesse? Certissimamente nè in sì gran numero, nè sì ricchi sono altrove i così fatti posseditori, che sieno in quelle intangibili isole. Troppo bene puossi perciò veder come, sotto la soma di quelle enormi gravezze, e tra quelle smodate, ed impermutabili ricchezze, e que' tanti agi ne' pochi; come, io dico, sia grande la malagevolezza, e lo stento per sostentar la vita ne' più, poichè (a differenza grande di ogni altra terrestre contrada) a centinaia sonovi annualmente a capital pena dannati i falsarj, i ladri, gl' incendiarj, i falsator di monete, gli omicidi, i rubator delle strade, e così fattamente (7). Dicano poi che che più lor piaccia i laudatori, non pur delle permanenti ricchissime schiatte, ma delle splendide corti,

(7) Comechè alcuna severità non sia nelle leggi criminali inglesi, e i delinquenti sien tutti colà giudicati da' loro pari; pur nondimeno nello spazio di soli sette anni, cioè dal 1811 al 1817, furonvi dannati a capital pena 4952 persone. Se per la facultà che ha il re inglese di graziare i colpevoli, non si fosser giustiziati se non 584 di tutti que' rei, pressochè due persone il giorno sarebbonsi dovute mettere a morte per sette interi anni in Inghilterra! (Il ragguaglio del numero delle persone colà dannate a varie pene nello spazio di sette anni, è nel *Times* de' 3 di aprile di questo stesso anno 1818, facc. 3, col 3.)

de' grandi eserciti stanziali, delle belliche imprese, ed in somma delle smisurate spese pubbliche; che questi sono fatti da strigner loro in sì-ravvolte pastoie, che, non ostante i loro usati andirivieni, non se ne potrann' essi leggiermente strigare. Egli è però da maravigliarsi sommamente che cotesto avvenga in un paese di libertà, come è senza alcun dubbio l' Inghilterra! Ma di che, non che della libertà, non si abusan gli statisti, laddove (così essi abusandosi delle più sante cose) l'uficio lor commesso, sia loro scala al conseguimento di ricchezze, d' agi, e di profumi?

Ma del resto quanto sia atto il veramente paternal governo americano a generar contentamento, e quiete, e prosperità nell' universalità de' cittadini; quanta saldezza perciò quello consegua nel concorde consentimento del popolo, che prodemente il sostiene, e serva illeso; e come per tutto questo sia egli tenuto in istima da tutte le genti europee, ed abbian elle in lui fidanza, ben si può giudicare anche da questo che, mentre i monti de' più de' debiti monarchici vendonsi per due terzi, o per la metà capitale, ed anche meno; quelli della volorosa Repubbica Ame-

ricana stanno a pari prezzo co' danari contan-
ti, e a prezzo anche maggiore (8), comechè
quasi da per tutto sia di questi oggidì grande
caro (9). E così non maraviglia, se, non
ostante la prodigiosa ampiezza dell' inter-
posto oceano e i disagi della lunga naviga-
zione, corrano a rifuggirsi quivi tutti que'

(8) Vedi, nel *Monitor* di Parigi de' 14 di genn,
1818, e nelle gazzette inglesi de' 9, il messagio del
presidente *Monroe* al congresso americano.

(9) Stanno sì alla larga nelle pecuniarie cose gli
Stati Uniti Americani, che altre imposte in quest' anno 1818 non furon quivi lasciate permanere, se non i
dazj delle dogane per le merci straniere, ed il diritto
che pagar debbono i legni ne' porti. E con soli questi
dazj ed alcune nazionali rendite (tanta è la parcità
nelle pubbliche spese, e ad una ora tanto son prospe-
revoli i traffici in quegli Stati!) non solamente si po-
tran pagare tutte le spese del governo, dell' esercito,
del navilio, dell' interesse e della redenzión del debito
pubblico, e di altro; ma avrassi anche in fin dell' anno un soprappiù, il quale sarà eziandio maggiore negli anni susseguenti. Or quale è quella una delle più
vanitose signorie europee che, pagate tutte le statuite
spese, abbia ne' suoi forzieri un annuo soprappiù? O
piuttosto quante tra loro sono quelle che non sieno annualmente gravate d' un novello debito? (Vedi il
messaggio stesso allegato nella precedente annotazione).

giovani uomini che (meritissimamente sdegnando la viltà delle rugginose catene della
vecchia Europa, e poco o nulla temendo gl'
influssi della troppo grande disparità del
cielo, e delle repentine varietà nella tempe-
rie dell'aere, le quali cose sovente agli attem-
pati, quivi novellamente giunti, sono cagione
d'indubitata morte) han per certissimo di tro-
varvi una libera novella patria con tutti que'
beni i quali sempre tiene la libertà congiunti (10).

Nè or più monta il dire, secondo alcuni
ministri, e ciamberlani, ed altri così fatti
solenni barbassori delle corti europee, che,

----

(10) Quando gli Americani si francarono della suggezion britanna, non aggiugneva a due milioni e
mezzo di bocche la lor popolazione. Quarant'anni, o
circa sono andati da quel tempo a questo, e in quelle
libere terre annoveransene già dieci milioni. Or anche
qui si può vedere che attrattiva cosa sia per gli uomini la libertà! Ma già non è da maravigliarsene: vera
libertà, e felicità pubblica sono una cosa. Del resto,
i liberi Americani in questo si tostano aumento della lor popolazione debbono veder modo come quella
non si rammonti in grandi masse dentro alle mura di
alcune città; perciocchè essi ben sanno che in queste
grandi sentine d'ogni vizio la libertà si suol trasfor-
mare, o in licenza, o in tirannia.

tener non potendosi gli Stati senza grandi
eserciti stanziali, al tutto perciò convengasi
congregarne de' numerosissimi; poichè, a
detto di costoro, non si vincon mica le ben
ordinate battaglie, nè indietro ributtansi i
nimici, senza mercennarj soldati, siccome
quelli che sono veramente atti alle opere
guerresche. Or che ciò sia falsissimo, oltre
ad altre innumerevoli pruove, addur si può
quella d'una schiera ragunaticcia e tumultua-
ria di Americani che nell' ultima guerra tra
l' America e l'Inghilterra, cioè a dì 8 di gennaio 1815, ruppero interamente appresso
alla Novella Orleans l'esercito inglese, che
pur era un fiore di milizie, le quali aveano
valentemente pugnato contro i soldati del
Buonaparte, e fatto testa con felice successo.
Di che molto aperto deesi poter conoscere
quanto valga l'amor della patria, ove quello
sia dalla libertà infervorato. E se quì alcun
dicesse: ma eziandio i soldati inglesi sono
nati in libera terra! Sì sono, io risponderei,
ma vuolsi non dimenticare che la libertà
americana, quantunque ella sia una bella
progenie della libertà inglese, sopravanza
già di molto il valor della genitrice. E in effetto come l' una libertà sia più dell' altra pre-

cellente a render gli uomini valorosi, puossi
ben vedere anche a questo fatto (11).

(11) Tuttavia in quello ch' io qui dico de' soldati
stanziali, e mercennarj, ben sì dee, secondo il proverbio nostro, intender acqua, e non tempesta. E voglio io dire che gli Stati, e massime in Europa, lasciar
miga non debbansi del tutto alla sprovveduta di così
fatti soldati, e spezialmente in quella parte delle
belliche cose nella quale è bisogno studio, lunga
disciplina, ed esercizio, così come sono le cose pertinenti alla cavalleria, alle artiglierie, alla fortificazione
ed espugnazion delle fortezze, e ad altre simiglianti
opere. Una discreta quantità d'uomini d'arme, e in
tutto ciò ben disciplinati, saranno anzi necessarissimi
ne' più stretti bisogni, perchè non pure essi formino
quasi come il cuore d'un maggiore esercito, ma sieno
anche gl' istruttori de' loro compatrioti che, senza ec-
cettuazione alcuna, correr dovessero alla difesa della
patria, laddove da ributtar fossero indietro stranieri
assalitori. Ne' medesimi liberi Stati Americani è anche
un bel gomitolo di sì fatti soldati, i quali però sono,
come esser deono, del tutto sottomessi alle podestà
civili. Riprovar dunque io sol tanto intendo quelle
sterminate, e permanenti masse di stipendiarj, ed
oziosi uomini per la cui sustentazione si premon di
gravosissime imposte tante popolazioni, e fannosi lan-
guir negli stenti, e nelle miserie molti milioni d'Europei. Vero è però che, senza questo smodato guerresco
sostegno, non avrebbesi la dilettosa compiacenza nè
d'annodar gli uomini in duri legami di suggezione,

Ma di quanto ammaestramento eziandio esser possano le cose di quell' egregio governo, non meno agli uomini monarchici che a' reggitori loro, noi estimiamo che sia da metterlo qui in mostra, per via d'alcuni brani che ordinatamente or noi addur vogliamo, delle due bellissime dicerie non ha guari tempo colà fatte da' presidenti *Madison*, e *Monroe*, uscente l'uno dell'uficio, e l'altro a lui succedente.

« Il tempo del dover ritrarmi dal servigio

nè di tenere in istomacosa lautezza di spante mense, di libidini, e di tripudj molti orgogliosi duci, nè di poter trombare le loro militari glorie; le quali, tanto più sono esaltate e magnificate, quanto furon maggiori le stragi, le rovine, i violamenti, i ratti, le ruberie, le miserie, e le calamità che quelle generarono. E da coteste abbominevoli glorie (fuor solamente quelle di alcuni pochi verissimi eroi, fra' quali spicca, come maggiore stella, l'immortale *Washington*) che ne risultò poi in ogni tempo a' miseri popoli? Servitù, ed oppressione. Or non saria grandissima ventura pel mondo presente, se lo smanioso disio che hanno ancora alcune genti di conseguir belliche glorie, potesse essere spento e messo sotterra a Sant' Elena, insieme con quel furioso guerreggiatore che solamente deliziava per mezzo il sangue degli eccidj guerreschi, ed il puzzo de' morti corpi?

« pubblico (diceva a' 4 del passato dicembre
« 1816 l' egregio *Madison*) non essendo
« guari lontano, io aver non potrei più ac-
« concio destro da poter manifestare a' miei
« compatrioti la mia somma gratitudine per
« l'assidua fidanza ch' essi in me ebbero , e pel
« gradevole sostegno ch' io da lor ricevetti.
« Incessante e grata in me sarà la rammemo-
« razione di queste singulari testificazioni
« della loro benivolenza ; e, conoscendo che,
« se io servir non seppi il mio paese con gran-
« de idoneità, il servii tuttavia con sincera di-
« vozione , questo sentimento sarà per me
« sempre come una fonte d'inesauribile com-
« piacenza.

« Oltre a questo, in ritraendomi, io per
« altre cose mi sento deliziare, le quali quei
« che amano il lor paese, aver debbono in
« sommo pregio. E voglio dire ch' io veggo,
« quello gioir quiete e prosperità al di den-
« tro, e aver pace, e portarglisi reverenza
« al di fuori. Io posso mostrarmi altiero di
« questa considerazione, cioè che gli anni
« della nazionale independenza del popolo
« americano sono già salvamente, e con
« felice successo al numero pervenuti di qua-
« ranta ; e che così per quasi l'intero corso

« d' una vita umana gli Americani, non sola-
« mente presero esperienza della presente
« lor costituzione, parto delle loro non tur-
« bate deliberazioni, e delle libere loro
« scelte; ma trovarono altresì per vero,
« quella essere atta alle vicende degli avver-
« si, come de' prosperi casi, perciocchè
« nell' aggregazione de' suoi principj di con-
« federamento e di elezione, ella in se con-
« tiene il debito temperamento della forza
« pubblica con la libertà personale, e del
« nazional potere per la difesa de' naturali
« diritti con una guarentigia contro le guerre
« ingiuste, mosse dall' ambizione, e dalla
« vanagloria; il che procede dal fondamen-
« tale ordinamento del sottomettere tutte le
« guerresche quistioni alla volontà della na-
« zione stessa, la quale pagar dee le spese
« della guerra, e sentirne le calamità. Nè egli
« è minor pregio di questa costituzione, sì
« cara a tutti noi, che siasi trovata acconcia,
« senza perdere ella la sua vitale efficacia, a
« potersi distendere per più ampie contrade,
« laddove più numerose divengan le genti
« in pro delle quali fu quella statuita.

« E deemi esser conceduto d'arrogere a
« queste gradevoli cose, come io antiveggo

« già , e ne fo certo presagio, che il popolo
« americano, per l' indole sua propria , e
« per l'amore ch' egli ha e per la libertà vera ,
« e per la costituzione che n' è il fondamento,
« sia per dare al mondo, nel corso che 'l cielo
« gli destina, il modello d' un governo il
« qual tendendo in tutto al conseguimento
« del pubblico bene , come a suo solo fine,
« regola i suoi ordinamenti, non meno per
« via de' grandi principj nella fondamental
« legge già fermati, che di quelli di mora-
« lità che ad essa maestrevolmente collegati
« sono ; d' un governo, io dico, il qual è vi-
« gilante perchè sia integrità nelle elezioni,
« libertà nel parlare, e nel pubblicar gli scritti
« per le stampe, e nel giudizio per pari per-
« sone (12), e perchè vicendevole sia il di-
« vieto verso le usurpazioni, ed il mescola-
« mento fra la Religione, e lo Stato : d' un
« governo che serva inviolate le massime
« della pubblica fede, e la sicurezza della
« persone e delle proprietà, ed il quale in-
« cuora per ogni autorizzata maniera quella
« general diffusion di sapere la qual guaren-
« tisce alla libertà pubblica la sua durevo-

(12) *Jury* , secondo il linguaggio inglese.

« lezza, e a quelli che posseggono sì fatto
« bene, il vero godimento di quello; d'un
« governo il qual così schifa d' intrudersi
« nelle interne cose degli altri popoli, come
« egli ripulsa l'aliena intrusione nelle sue
« proprie; il qual rende suo debito a ciascuno
« con prontezza pari alla fermezza con cui
« egli richiede che siagli renduto ; ed il
« quale, nel mondare il suo domestico co-
« dice da ogni mistura che non sia congenere
« agli ammaestramenti d' un' età alluminata
« e a' sentimenti d' un popolo virtuoso, pro-
« caccia ad una ora, per via della ragione e
« de'suoi generosi esempli, d' infonder nelle
« leggi che reggon l'incivilito mondo, uno
« spirito atto a menomare l'assiduità, o raf-
« frenare le calamità delle guerre, e a me-
« glio annodar tra i popoli i fraterni vincoli
« di pace ; d' un governo, io ripeto in som-
« ma, le cui opere, in patria e fuor di quella,
« eccitino la più nobile di tutte le ambiziose
« voglie, cioè quella di promuover l'opera
« della pace nel mondo, e far gli uomini
« benivolenti.

« Queste considerazioni, con addolcendo
« il rimanente della mia vita, daran più virtù
« a' prieghi ch'io fo, per la felicità della mia

« cara patria, e per la durevolezza delle isti-
« tuzioni le quali ella or gioisce. »

« Dal principio della nostra rivoluzione
« infino a oggi (diceva poscia l'illustre *Mon-*
« *roe*, a' 4 del preterito marzo 1817) pres-
« sochè quarant' anni sono già trapassati, e
« sonne andati ventotto dallo stanziamento di
« questa costituzione. Durante tutto questo
« spazio, il governo altro non fu, se non ciò
« che enfaticamente dir si può un governo
« d' un popolo governantesi. E che n' è se-
« guito? A qual si sia cosa l' animo noi rivol-
« giamo, o che ciò s' appartenga alle straniere
« o alle domestiche bisogne, noi abbiam
« multiplici cagioni d' allegrarci dell' eccel-
« lenza delle nostre istituzioni. E, quello che
« è più, in un tempo di malagevolezze e di
« avvenimenti strani, furon gli Stati Uniti
« oltremodo fiorenti, essendo in particolare
« stati felici i cittadini, e la nazion prospe-
« rosa.

« Per via di questa costituzione i nostri
« traffici con le nazioni straniere, e tra i nos-
« tri Stati furon sagacemente ordinati; nuovi
« Stati aggregati alla colleganza; il nostro te-
« nitorio ringrandito con belli patti, ed ono-
« revoli, e vantaggiosi molto a' primitivi Stati;

« tutti gli Stati, sotto un dolce e paterno
« ordinamento, respèttivamente tenuti in
« protezione dal patrio governo contra i pe-
« ricoli esterni; e posciachè gioiron essi nelle
« spezialità loro, per via d'una savià riparti-
« gion di potere, la debita parte di sovrani-
« tà, sì ne miglioraron essi il viver civile',
« distesero le colonie loro, e conseguiron
« quella robustezza, e quella maturità che
« sono la più bella pruova di ottime, e bene
« adempiute leggi. E, se ponghiam noi mente
« allo stato delle persone private, in qual
« ammirazione levar non debbonsi le nostre
« menti ? Cui aggravò l'oppressione in qual
« siasi angolo degli Stati nostri ? Chi fu del
« menomo personale diritto, o di sua pro-
« prietà dispogliato ? A cui posto termine
« nel porger prieghi, secondo sua scelta,
« al divin Creatore ? Or egli è pur noto che
« tutti cotesti inestimabili beni furon piena-
« mente quanto si possa il più, da noi posse-
« duti ; e, soggiugner posso, con universal
« contentamento, dacchè esemplo infino a
« quì non fuvvi di chi che sia caduto in puni-
« zione di cápital pena, per tradimento con-
« tro la patria. »

Travalicando poscia il *Monroe* in altro ra-

gionamento, e dell' eccellenza del governo
americano favellando, egli dice che di quella
altri potrebbe per avventura entrare in forse,
per rispetto a' dubbiosi casi, e spezialmente
a' guerreschi. Or, qui acconciamente favellando dell' ultima guerra americana, così
egli esemplifica ciò ch' e' ragiona intorno a
questo: « Alla per fine fuggir non si potè la
« guerra, e mostrò l'evento che il governo
« nostro esser ne può alla pruova, perciocchè
« di tutte fu quella la maggiore, avendo la
« guerra avuto luogo in malagevolissimi
« tempi. Or della virtù del popolo, delle
« eroiche geste dell' esercito, del navilio, e
« delle milizie urbane io non ho affatto ne-
« cessario il qui farne motto.

« Così fatto è dunque quel felice governo
« sotto il quale noi viviamo; quel governo il
« quale è acconcio a ciascuna delle bisogne
« per le quali sono i popoli congiunti; quel
« governo che è elettivo in ogni suo parte,
« e nel quale ad ogni meritevol cittadino può
« esser fidanzato il più alto uficio che abbia
« la costituzion fermato; quel governo nel
« qual non è alcuna cagion di discordia, nè
« alcun' altra da dover potere una parte alie-
« nar dall' altra della colleganza; quel go-

« verno finalmente che serva il pieno godi-
« mento de' suoi diritti ad ogni cittadino, ed
« il quale è atto a difender la nazione dalle
« ingiustizie degli altri Stati. »

Più oltre procedendo poscia l' onorato
Monroe, così egli va ancor dicendo : « Tale
« essendo dunque lo stato quanto il più si
« possa prosperevole del paese nostro, ad
« ogni cittadino importa il mantenerlo. Qua-
« li sono i pericoli onde siam noi minacciati?
« Se pur ve n'ha, conviensi chiarirsene, e lor
« fare schermo.

« Il mio sentimento volendo io dunque
« aprire intorno a questo, puommisi addi-
« mandare : Che è che esaltocci al presente
« avventuroso stato? In che guisa noi ad
« effetto la rivoluzion perducemmo? Come
« fu per noi ammendato il primo istrumento
« della nostra colleganza, infondendo nel
« nazional governo poter bastante per le na-
« zionali bisogne, senza menomare i giusti
« diritti degli Stati, o affievolir quelli delle
« persone private (13)? Come sostenuta, e

(13) E in sola questa clausola forse non è pe' considerati uomini brevissimamente adombrato ciò che in
questi ragionamenti distesamente io dico, siccome io

« gloriosamente condotta la preterita guer-
« ra ?..... Il governo fu nelle mani del popo-
« lo. Al popolo perciò, e a' fidi e sagaci cu-
« stodi della fidanza che quello in lor pose, è
« da prestar la debita fede. Se il popolo ame-
« ricano fosse stato ammaestrato in altre dot-
« trine, se state fosser le genti nostre meno
« intelligenti, meno libere, e men virtuose,
« egli è da creder forse che con fermezza e
« costanza avrebbon elle seguito il medesi-
« mo corso, e state graziate dello stesso
« felice successo ? Per la qual cosa infino a
« tanto che integri ed incorrotti saranno i
« costitutori, fia ogni cosa salva ; perciocchè
« eleggerann' essi e fidi *rappresentanti*, e
« convenevoli ad ogni uficio. Sol tanto allora
« quando il popolo diviene ignorante e cor-
« rotto, quando si trasforma in popolazzo,
« egli non è atto ad esercer l' uficio di sovra-
« no. L' usurpazione è allora molto agevol
« cosa, ed è anche bello e trovato l' usurpa-
« tore (14). Il popolo stesso divien l'artefice

debbo, di alcune cose d'Italia ? E, chi dirittamente
giudica, nulla poi monta che sièno più queste che
quelle d'America, monarchiche, o pertinenti a repubblica.

(14) Ben si vede che alle trapassate, e troppo famo-

« volenteroso del suo avvilimento, e della sua
« rovina. Siam dunque solleciti della grand'
« opera, e procacciam di tenerla in piè fer-
« mamente, promuovendo, per sagaci costi-
« tutivi ordinamenti, l' ammaestramento nel
« popolo, come la più acconcia via da servare
« illesa la libertà nostra (15).

se vicende europee aveva l'animo messer *Monroe*,
quando egli così ragionava.

(15) Per noi altri Italiani che nelle politiche cose
avemmo un così grande maestro, come per certo fu il
nostro sommo Statista fiorentino, non son per certo
nuove queste dottrine del *Monroe*, perciocchè, oltre
alle innumerevoli altre cose, quegli sopra la corruttela del popolo lasciocci scritto che *un popolo corrotto,
venuto in libertà, si può con difficoltà grandissima
mantenere libero*. E ben di questa sua altissima sentenza avemmo a questi anni passati un' esemplifica-
zione che mai la maggiore. Ma del resto voi ben vedete, Italiani, che alcun popolo non può, nè divenire,
nè mantenersi libero, nè per conseguente (ritrovandosi
nel caso nostro) esser fuori delle unghie di strani dominatori, se egli non abbia moralità, nè sia convenevolmente ammaestrato. Or, quanto alla prima cosa,
io posso sinceramente affermare che, laddove alcuno
Italiano abbia alquanto dimorato in estranie terre,
non ha egli in generale onde troppo arrossare, al fatto
della moralità de' suoi compatrioti. Per rispetto poi
all' altra cosa, io posso anche dir francamente che

E oltre a questo , favellando poscia il *Monroe* de' pericoli provenienti dalle estranie guerre , egli dice che gli Americani doveano, a loro schermo , star sempre contra quelle apparecchiati. E soggiugne : « Conviensi o sostenere i nostri diritti, o disporsi « a lasciar venir meno la dignità nostra, e « con quella forse anche la nostra libertà.

sempre fu doviziosa , siccome è oggidì similmente , di dottissimi uomini l'Italia. Ma se per via delle comuni italiche scritture che qui talora mi cadon per mano, io dar dovessi giudicio dell' universale ammaestramento che or quivi si dà nelle scuole , certissimamente io mi crederei discaricar la coscienza , dicendo che delle gravissime imposte che al presente paga il misero popolo italiano , molto molto scarsa è quella parte che si spende per fare ammaestrare la gioventù nostra. E di ciò fammi altresì certo quel sozzo bastardume di lingua che universalmente ancor deturpa le italiche scritture. Che sono in questo sì stoltamente divenuti non curanti gl' italici rettori , che , non solamente tra le genti di mezzano sapere , ma tra' più dotti uomini d'Italia non è per certo agevol cosa il poter trovare alcuni che nettamente scriver sappiano il proprio linguaggio ; laddove in Inghilterra , in Francia , in Alemagna , e da per tutto oggidì in Europa appena che è alcuno che mediocremente erudito sia , il quale, se non con eleganza , con nettezza almeno la propria lingua non iscriva

« Un popolo il qual s' abbiosci infino a questo
« termine, appena che si dicesse potere aver
« suo grado fra le nazioni non suggette (16).
« L'onor nazionale è una proprietà del più
« alto valore. E la nazional forza non altri-
« menti si misura, che col sentimento ch' è
« di quello nella mente de' più de' cittadi-
« ni (17). Deesi dunque aver molto caro sì
« fatto onore. »

(16) Italiani, questo appunto è il caso vostro. Voi
sì fattamente or siete abbiosciati, che non solamente
alcun grado voi non avete tra le nazioni del mondo,
anzi siete al tutto suggetti a genti strane. Ciò medesimo vi faceva anche sentire l'arciduca Giovanni d'Austria, quando (l'Italia essendo in poter della Francia,
e non dell'Austria, come ella è ora) veracissimamente
egli diceva (e, se gli uomini esser volessero sempremai veritieri, con maggior verità dire il vi potrebbe
anche al presente), voi esser nella *condizione d'un
popolo fatto servo, d'un popolo che degno non sia
d'aver nè nome, nè diritti.* (Vedi la FATTISPECIE,
facc. 69.)

(17) Italiani, se è vero (e vero è senza fallo) che
nel complesso delle genti d'Italia non sia alcuna nazional forza, deesi certissimamente, secondo il *Monroe,* venire a questa conclusione, che in generale nelle
italiche menti non sia alcun sentimento d'onor nazionale, e che perciò di *una delle proprietà del più alto
valore* esser noi non possiamo i posseditori. Qui molte

Discendendo egli poscia a ragionar de' modi da poter far testa contro gli assalitori stranieri, egli segue a dire : « Ma è da por mente
« soprattutto che la sicurezza di questi Stati,
« e di ogni cosa cara a popolo libero affi-
« dar deesi quanto si possa il più alla civil
« milizia. Soprapprendimenti sì formidabili
« asseguir potrebbonsi contro noi, che atti
« noi non fossimo a ributtarli indietro con
« le terrestri e marine forze che di mantener
« comporta, non men la qualità del nostro
« governo, che lo stato nostro. In così fatti
« casi ricorrer conviensi alla gran massa del
« popolo, e per modo che ne segua il mi-
« gliore effetto. Egli è perciò cosa della più
« grande importanza che sia quello sì ordi-
« nato e disposto, che trovisi egli presto ad
« ogni evento. L'opera esser dee acconcia
« per sì fatta guisa, che il governo valer si
« possa della valorosa gioventù nostra, la
« quale d'amor patrio è tutta infiammata. Se
« si operi in questo con equità e con giusti-
« zia, alcuno esser non può oppressato. Un
« costrignimento potrebbe aver luogo per

cose si potrebbon forse rispondere ; ma , come che sia,
questa è per noi una vergognosissima taccia.

« caso repentino, e non già per forza di
« leggi, le quali anzi contro quello sono
« poste. Tutto ciò ordinare anche si potrà in
« tempo di pace, acciocchè la guerra ci trovi
« meglio apparecchiati. Con sì fatto ordina-
« mento di sì fatto popolo gli Stati Uniti non
« hanno a temer per nulla de' soprapprendi-
« menti stranieri. Laddove a questo proceder
« si volesse, leverebbesi tosto ad arme un
« soprabbondante sforzo di valorosi repul-
« santi uomini (18). »

(18) L' esercer nelle belliche cose tutta la gioventù
d'uno Stato, eziandio monarchico, è cosa oltremodo
profittevole, e massime per potere levarsi ad arme, e
far testa altresì contro ismisurate torme di rapaci dominator forestieri. Quello che qui ne ragiona il *Monroe*, apertissimamente anche dimostra ciò ch' io dico. E negli Americani Stati (secondochè affermò poscia
lo stesso *Monroe*, nel suo messagio da noi allegato
nella precedente nota 8) il numero degli uomini armati e presti a correre, ove il bisogno il richiedesse,
alla difesa della patria, era già di ottocento migliaia
infin nel passato anno 1817. Or è inenarrabile il bene
che da un simigliante assetto di belliche cose risultar
potrebbe a tutti quegli Stati che volesser seguirlo.
Primieramente un esercito così ordinato, quantunque sia poderosissimo, non costa, per così dire, un
picciolo; e questa è fondamentale, e più che vital cosa per uno Stato. Oltracciò un così fatto esercito non

Sia suggello a coteste cose dell' ottimo *Monroe* quest' altro bel passo del suo ragio-

può nè ingelosire, nè tenere in pensiero gli Stati circunstanti, sì perchè per rispetto a questo posson essi incontanente fare altrettanto nel paese loro; sì perchè rendonsi eglino sicuri che un' oste di pacifici cittadini, pressochè tutti occupati nelle loro domestiche bisogne, non diverrà mai conquistatrice, nè mai ella prenderà le veci d'una ciurma di sfaccendati stipendiarj battaglieri, che velano, sotto i nomi di gloria di onore e di altre vanità, il vero fine a cui essi veracemente tendono, cioè di vivere, a sconcio altrui, negli agi, nelle gozzoviglie, e nelle dissolutezze. E finalmente tutta questa massa di natie genti, da dover potersi all' opportunità collegare in esercito, se per ventura venissero ad essere infestate da alcuna di queste torme d'*irrequieti* avidissimi battagliatori, il cui numero non potrebbe esser mai equivalente a quello di tutti i cittadini armati d'un altro Stato; non solamente combatterebbon valentissimamente per difender le loro famiglie, il loro avere, e la libertà, e la patria loro; ma senza fallo ributterebber tosto indietro que' rapaci assalitori (a). In somma tutto questo a me par sì manifesto, e sì chiaro, ch' io non veggo altro potersi dire in contrario, se non che alcuni de' reggitori degli Stati Europei sieno a ciò repugnanti, perchè, volendo essi regger di lor testa le pubbliche faccende, e a solo il nome d'ogni libera cosa stizzando ed arrovellando, non

(a) Per compimento di quello che sopra ciò io quì dico, è da rileggere la precedente annotazione 11.

namente, nel quale egli mette debitamente in cielo il governo americano.

« Mai governo, egli dice, inizio non ebbe
« con sì favorevoli auspicj, nè mai funne il
« successo sì compiuto. Se noi ragguardiamo
« alle storie delle altre nazioni, antiche come
« moderne, noi non rinvenghiamo esemplo,
« nè di crescimento sì rapido e maraviglioso,
« nè di popolo sì prospero e felice. In con-
« templando quello che abbiam noi a opera-
« re ancora, deliziar si sente nel giubilo il
« cuore d'ogni cittadino, veggendo come il
« nostro governo dappresso già rasenti la
« perfezione; come, in acconcio di ciò, noi
« a far non abbiamo alcuno essenzial miglio-
« ramento; e come l'opera principale or è di

attentan miga d'affidarsi alla lealtà de' popoli. E così sperperan essi le nazioni per sostentare numerosissimi eserciti stanziali, con tutti que' boriosi lor condottieri, tanto più dal volgo stolto tenuti per valenti, quanto fu più grande il numero degli uomini ch' essi fecer trucidare, delle popolazioni che dispogliarono, e degl' iniqui profitti che ne trassero. Vuolsi però dire che il numero degli stolti va tra noi ogni dì più rappiccolando, e non è da far troppo lieti presagi a que' gover-nanti che non vogliono al postutto figgersi in testa che, mutati i tempi, sien da mutare i modi.

« servar quello ne' principj, e nelle forme
« convenevoli alla natura sua ; il che conse-
« guir si potrà, dalle orme della virtù non
« dipartendoci, le menti del popolo allumi-
« nando, e quegli ordinamenti seguendo
« che, a schermo de' pericoli esterni, avran-
« si al tutto necessarj per sostenere l'indepen-
« denza, la libertà, e i diritti nostri. Se noi
« sarem perseveranti nel corso in cui siam sì
« oltre proceduti, e nel già posto sentiero,
« noi non falliremo, col sussidio della divina
« providenza, d' aggiugnere all' alto grado
« il qual pare che abbiam noi sortito (19). »

Or così fatte son le felicità degli Americani
Stati Uniti, a rispetto delle quali è cosa di
poco pregio anche ciò che ha di più preclaro
in qualsivoglia altro governo della terra. E
noi altri Italici abbiamo anche onde allegrarci più che alcuna altra nazione, veggendo
posseditori di tanto bene gli abitatori di quell'
immense terre d' oltremare che furon prima-
mente scoperte da un valoroso nostro compatriota, e più ampiamente poscia da un altro

(19) Tutti questi brani delle dicerie del *Madison*, e
del *Monroe* abbiam noi recati nel volgar nostro dal
testo che di quelle fu dato fuori nelle gazzette inglesi
del 1.° dì di gennaio, e de' 17 di aprile 1817.

eziandio de' nostri, dal nome del quale ebber
quelle anche il nome loro. Nè con tutto ciò
di sola una spanna di quell' ubertoso suolo è
posseditrice l'Italia, nè di pochi, non che di
molti abitatori di quelle contrade ebbe ella
mai la presunzione d' essere imperiosamente
la dispositrice. Beata lei, se anzi in questo
potess'ella una volta non esser più passiva!
Ma torniamo in chiave.

Io dunque dinanzi vi diceva, onorati miei
Compatrioti, che non meno quì, che nell'
altro mio ragionamento, dato fuori nel 1814,
innanzi ad ogni altra cosa fu da me parlato
de' nostri naturali diritti, e di quello che (se
gli agi, e lo splendor de' pochi non fosser
preposti al disagio, e all' abbiettezza de' più)
veramente far sarebbesi dovuto in Italia, e
perchè fosse ogni parte di lei e verso di se, e
verso le altre acconciamente e prosperevolmente retta ; e perchè quelle varie parti,
quantunque nelle fondamentali cose tra loro
al tutto concordanti, avesser tuttavia alcune
avvenevoli varietà, secondo le differenti lor
posture, e costumanze ; e perchè le italiche
ricchezze, e gli onori cittadineschi, e i profitti degli uficj pubblici e delle pubbiche spese,
ed in somma tutti i patrj beni fosser da per

tutto equabilmente diffusi, e non cumulati in grandissima parte nella sola sede del governo ; e perchè finalmente ogni cittadino italico gioisse in patria, e fuor di quella tutti que' vantaggi, que' beni, e quella stima che debitamente s'appartengono a popolo libero, e potente ; che così senza fallo sarebbe l' italico, se reale, e non suppositivo, quello fosse ch' io quì dico. In somma arrovellin pure a lor posta, ed imperversino con me tutti coloro che, sentendo ogni utilità ed ogni agio nelle contrarie cose, poterono essere e sono al tutto sgomentati da sola questa ipotesi mia ; che, quanto è a me, io contenderò sempre a dire che l' ordinamento di governo il qual meglio si confarebbe all' Italia, in acconcio dell' estesa sua forma, de' mari che l' accerchiano in grandissima parte, e de' monti che difendonla, sarebbe quello degli Stati Uniti d' America, il qual certissimamente è il migliore che infino a quì sia stato recato ad effetto per reggere un grande Stato, ed il quale assai più che quello di sola una monarchia, o eziandio più che l' altro di più signorie confederate, atto sarebbe a collegare, senza confonderle interamente, le varie parti della nostra bellissima penisola, ed a render

di ciò contentissimi gli abitator di quelle. Imperciocchè, senza nè altresì stare a mettere in
bilancia la grande preminenza che a rispetto
degli altri due ha il reggimento libero confederato, impugnar non si può certamente
che in Italia, nella unità di sola una signoria
monarchica, s' inciampa nella malagevolezza di non potere andare a versi, se non
a sola una delle nostre città principali (20); e

(20) E pongasi ben mente ch' io dico *malagevolezza*,
e nulla più; che non veggo io già perchè cagione gl' Italiani assai di grado non dovesser preporre di avere
anzi un' italica terra per loro città principale, che Parigi, così come avevano non ha guari tempo, o Vienna,
siccome interviene oggidì. E ho io voluto notar questo
anche per rispondere a quello che il general *Bellegarde*, in quel suo bando dato fuori in Milano a' 5 di
aprile 1815 (a), disse già con troppa affermazione del
non potersi statuire sì fatta città in Italia. Ma già bene
allor ne mostrò come parlasse con ischietta coscienza
messer lo generale, posciachè egli anche presumeva
di darci a vedere che quel che si dice de' naturali termini d'Italia, altra cosa non fosse che una *speciosa idea*.
Cancherusse! o vacci scalzo con sì fatti loici d'oltremonti!
E' s' assotigliano tanto, laddove s'impaccino di favellar
d'alcuna cosa, che eziandio le più grosse materialità, le
quali ogni uomo può toccar con le mani e co' piedi, te

(a) *Recueil ec. par Schoell*, tom. V, facc. 49, e segg.

nella pluralità delle piccole signorie, e massime se in'colleganza quelle non sono, s' in-

le trasformano in chimere, in astratezze, in fantasie, ed in somma in *idee speciose*. E peggio che, non contenti a questo, ti vanno essi ripescando pareri, consigli, ed autorità da per tutto. Così messer *Bellegarde* s' andò a far capo infino a monna Natura, e ci parlò poi per bocca di lei, e disseci come quella valente dama affermava che, per via de' termini posti all' Italia, non solamente aveva ella statuiti de' governi particolari alle differenti italiche contrade, anzi con ciò mostrato che non già l'ampiezza del tenitorio, non le numerose popolazioni, nè il poter delle armi, ma le buone leggi, la conservazione delle antiche costumanze, e la parsimonia nell' amministrazione pubblica facevan la felicità de' popoli. Or noi siamo al tutto spacciati, se anche monna Natura si mette a dar di naso nelle bisogne nostre. Come che ciò sia, poichè messer lo generale suolsi stare con esso lei a sì stretto consiglio, che ne trae di così squisite concezioni, egli ne potrebbe fare una grazia, e a lui non costerebbe niente; e la grazia saria questa, ch'egli chiedesse a quella sua signoressa perchè, avendo statuito de' governi particolari, secondo le diverse parti d'Italia, abbia ella poi consentito che si distruggesse quello di Venezia, il quale era pure il più antico di tutti? E' par che non si possa credere ch'ella risponder voglia, lei avere errato nell' aver lasciato star quello in piè sì lungamente; perciocchè, se ella così dicesse, noi per innanzi non la ci lasceremmo più rappresentare quasi come una divinità,

corre nella dolorosa ansietà in cui deesi esser sempre per gl' imprendimenti de' prepotenti Stati d' oltremonti. Manifesta cosa è
dunque che, anteponendo a qualunque altro
un libero e confederato reggimento per la
nostra Italia, non per certo io ebbi in animo
(come altri per avventura potrebbesi dare a

considerato che non s'accorge ella de' suoi strafalcioni,
se non quattordici interi secoli dopo averli fatti. Quanto è poi all' altra cosa già da lei, secondo lui, anche
detta, a noi par che un accorto generale non avrebbela
affatto dovuta ripetere; perciocchè, se fosse vero che
nè ampie nè popolose contrade, nè forza d' uomini
d' arme non facciano la felicità de' popoli, e' si potrebbe credere che a felicitare i suoi non intenda punto la corte ch' egli serve, la quale ciascun sa che, ove
le venga fatto di potere arrogère a' suoi vastissimi Stati
alcuna grande e popolosa provincia, non se ne lascia
ella mai fuggire il destro.

Del resto, che i dominator del mondo, a dispetto
delle lusinghiere promesse solennemente da lor fatteci
fare, ci abbian sottomessi a straniere genti, conviensi
che pazientemente noi chiniamo il capo, perchè nulla
è che valga ad un inerme popolo contro alla imperiosa
forza di tanti minacciosi, e ruvidi soldati; ma che, a
questi tempi, vadansi a contare così fatte scempiezze
agl' Italiani, reputandoli quasi come un vil branco di
pecoroni, questo certissimamente par che non si possa
comportare.

credere) di far cosa di solo mio particolar
soddisfacimento, ma parvemi di propor quello che, secondo me, più atto e più acconciò
fosse alla natura delle italiche bisogne, ed
al vero bene della patria nostra.

E quì oltre a questo molto esplicitamente
io dir debbo, e dico che, tutto ciò esemplificatamente per gl' Italiani proponendo,
à soli loro, e non ad altri popoli europei io
ebbi, ed ho l'animo. Percioechè essendo gl'
Italiani per natura universalmente prudenti,
sagaci, di cuor saldo, sobrii nel vitto, ne'
piaceri, e in tutte cose, e non vanitosi, e
non guerreggiatori per mestiere, nè per voglia di prede, e di conquisti; molto agevolmente essi regger potrebbonsi a popolo con
isplendore, e gloria, ed utilità loro grandissima, così come in diversi altri tempi già fecero i loro maggiori. E per queste tutte tem-
peranti ed egregie qualità loro, eziandio che
popolarmente non fosser eglino retti, una
gran parte de' semplici e non dispendiosi ordinamenti de' liberi Stati lor potendosi troppo
bene accomunare; a me parve che non fosse
al tutto un pascersi di vento il divisar loro
coteste belle cose de' liberi Americani. Del
tutto immeritamente altri dunque me ripren-

derebbe, se si desse a credere che, queste cose per l'Italia e per gli abitator suoi producendo innanzi, mi foss' io proposto di volere essere un novello propagatore di democratiche dottrine, da doversi diffondere così alla impazzata, e recare eziandio ad effetto per ogni dove (21). E maggiormente che,

(21) Qui tuttavia dir conviensi altresì che la felicità essendo l'incessante disio, ed il fine di tutti gli uomini, quanto più sono or gravose le miserie e i mali di pressochè tutte le popolazioni europee, tanto più l'appiccaticcia voglia delle prosperissime cose americane s'allargherà da per tutto, ed invigorirà tutto 'l dì maggiormente. Or che riparo prender potrassi contro a questa soprapprendente, ed impetuosa fiamma di desiati verissimi beni? Si vorran forse bruciar tutti i libri che trattan di questo, e di altro, o spegner tutti gli uomini che ne favellano? Non è per certo opera da dover potere asseguire. O presumerassi di potere a ciò fare schermo per un lungo tempo con torme numerosissime di mercennarj soldati? Il rimedio, se non compiutamente preservativo, sufficentemente palliativo per certo esser potrebbe, se la sustentazione, l'ornato vestire, lo scialacquio, e le altre innumerevoli appendicette che sono bisogno a tanti oziosi uomini, e massime a' lor fastosi condottieri; non fosser d'un caro infinito, e non accrescesser per conseguente a dismisura le calamità de' popoli, che sono di coteste cose i pagatori. E già può veder ciascuno che son per questo

dopo la lunga e dolorosa esperienza delle passate calamitose vicende, io più che mai intorno a ciò fermai il mio consiglio, nè mai più per innanzi io mi lascerò svolger da quello, perciocchè per opera apertissimamente io conobbi che, dove il fasto è smodato; dove ne' piaceri è un' eccessiva squisitezza, e non è in essi alcuna intermissione; dove i più degli uomini ad ogni frugalità sono avversi; dove i titoli, gli aurei ricami, le penzolanti nastriere, e le altre cortigianesche cose sono avidissimamente pressochè da tutti

a tale venuti i clamori, e le giuste querimonie pubbliche quasi per tutta Europa, che, a dispetto di tanti armati guardatori, par che sieno molto impensierite alcune supreme signorie. Pur, se l'avviso non m'inganna, io per me credo che tor via potrebbesi ogni pendenza a futuri romori, e ad ulteriori lagrimevoli vicende, se in conformità de' tempi proceder si volesse *con lealtà* a fermar costitutivi patti negli Stati Europei; tanto che, renduti appagati e contenti i popoli, si potesser senza alcuna tema dissolver gli smodati dispendiosissimi eserciti, che delle presenti quasi universali calamità sono la cagion principale. Ma a questo si ripugna quanto il più si possa, perchè tra i reggitori e gli statisti europei non pochi ce n'ha di sì vecchia tempera, che sarebbon dovuti nascere dieci secoli sono già passati. Tal sia di loro.

sospirate; dove nelle vanità si procede senza verun freno; dove ogni nazional gloria si fonda nel ambiziose sterminatrici guerre, e ne' conquisti; dove gli uomini d'arme sono tutto 'l dì messi in cielo, e tutto 'l dì inanimiti nella loro oltraggiosa boria; dove, sotto spezie di fare spalla alla libertà pubblica, ad altro veracemente gli uomini non tendono, se non se a veder modo come la vanagloria delle memorabili schiatte prevaler possa all' alterezza guerresca, o questa a quella; ed in somma dove semplicemente, e costumatamente l'universale viver non suole, e non è fermezza e stabilità ne' pensamenti, e nelle cose, quivi certissimamente (che che altri ne dica, e ne scriva) esser non può alcuna vera, nè durevole libertà, non pur popolare, ma forse nè altresì monarchica; perciocchè tutte coteste cose (e massime le guerresche, quando non sieno contenute ne' soli termini della propria difesa) sono al tutto nemiche ad ogni viver libero.

Del rimanente, tornando al proposito nostro, io dico che a me sommamente duole che quello che con preferimento fu da me proposto per l' Italia, null' altro essendo che un disegno mio, il quale, mal grado ch' io pur n' abbia, colorire io non posso in alcuna maniera; sì discendere io dovei, siccome io feci, a ragionare della realità delle cose, cioè del come erano prima, e sono al presente ordinate le italiche signorie. Or che a mio potere io, anche in questo, abbia difesi i diritti nostri, e quei degli antichi nostri governi, che di gran lunga, non ostante i difetti loro, son da preporre alla dominazione straniera; questo non si può negare. E sempre, come si potè ben vedere, io venni a questa conclusione, che, senza colleganza fra gl' Italici Stati, e participazion tra loro di certi patrii diritti, mai esser non potranno, nè *independenti*, nè libere, nè per conseguente giammai veramente felici e prospere le italiche genti.

Ma, come che sia, tutto quello che dir seppi e potei, niun' altra cosa è se non *parole e opera d' inchiostro*, siccome del suo, quantunque nobilissimo lavoro, al quale non potrebbesi il rozzo mio in alcuna guisa appareggiare, già diceva il nostro sommo, ed incomparabile Epico (22). Or ben d'altro che d'inchiostro, e di parole fa mestieri nel caso

(22) L'Ariosto, cant. I, st. 3.

nostro ! Ed è da por mente altresì che, quantunque del tutto falso fosse quello che degl'
Italiani si disse nel parlamento britanno, e
similmente affatto ingiusto ciò che contra di
loro operossi ne' passati anni, pur nondimeno
l'amor della verità alla quale, quanto è conceduto alle debili forze dell' ingegno mio, io
m'attengo il più che per me si possa, e senz'
alcun rattenimento o riguardo, mi strigne
a dover dire che da' più di tutti voi, cari miei
Compatrioti, non si diè mano infino a qui
all' opera benedetta del dovervi liberare da
legami stranieri, con tutta quella risolutezza, e quella perseveranza che al perdur la
cosa ad effetto avete voi necessaria. Ed avvegnachè pe' durati lunghissimi e gravissimi
mali abbian già conosciuto i più tra voi che,
senza la colleganza e l'affratellamento di tutta la italica famiglia, mai non farassi cosa che porti veramente il pregio dell' opera
nel paese nostro; non è egli perciò ancor
del tutto spento in Italia, comechè siasi molto scemato, quello spirito di discordia e d'
aversione che alcune italiche genti han verso alcune altre, ed il quale è artatamente
caldeggiato molto dagli astuti nostri dominator forestieri. E confessar si conviene che,

se voi (siccome meritamente io dinanzi diceva) siete per natura sagaci, considerati,
saldi, prudenti; queste bellissime qualità
vostre non furon tuttavia infino a quì da
tanto, che vi togliesser del tutto, non solamente da quell' abbominevole farnetico di
deprimervi, svillaneggiarvi, svilirvi, e stra-
ziarvi a vicenda, ma dalla spietatezza dell'
esser voi talvolta gli uni verso gli altri sì fattamente accaniti, che infin con oste campale
(ahi vitupero del nome, e della patria nostra!) voi ne venghiate a bruttarvi le mani
del sangue de' vostri stessi compatrioti; e
(quello che oltre ad ogni comparazione è
anche peggio) per sola utilità de' forestieri.
Or voi il vi sapete troppo bene, Italiani, ch'
io non amplifico nulla in questo, ma che anzi dico la più schietta verità, e la più manifesta. Le vicendevoli vergognosissime gare,
state tra' nostri per antico come per novello,
sono già troppo note ad ogni gente europea
da doversi poter quì da me dissimulare, non
che tacere. E spezialmente che a questi tempi (lasciando stare i meno recenti, e i vetusti) voi abbiate spietatamente trucidati i
vostri fratelli, questo non si può negare, siccome altresì impugnar non potrebbesi, voi

aver ciò fatto per dividervi a parte chi del *Buonaparte*, chi del *Murat*, chi del *Beauharnais*, e chi d'Austria, ed in somma di genti che dominar volevano nel paese nostro, e trarne grandissimi profitti a solo pro di se, e de' popoli d'oltremonti (23).

So pur bene io che voi, e spezialmente quei tra voi che furon parte in sostenere o il *Buonaparte*, o il suo condottier *Beauharnais*, o il *Murat*, ciò non faceste già perchè volevate che da costor fosse la vostra patria

---

(23) Per raffrenare l'impeto dell' ira in cui per ispirito di parte tanto s'accendon gli animi degl' Italiani, che ne vengon essi talvolta a spietatamente scannarsi tra loro; metter si vorrebbe in mostra in ciascuna delle principali città italiche, e scritta in auree lettere, quella parentevole sentenza di Dino Compagni, contemporaneo di Dante, e scrittor nostro di sì schietta e bella lingua, che con sola quella si può dare una solenne mentita in sul viso a tutti coloro i quali or vorrebbono, sotto cento vani titoli, che si preponesse il sucidume dello scriver moderno all' oro di quel beato secolo. Or dice il Compagni nel primo libro della sua Cronaca ch' egli, *desideroso d' unità e di pace*, ritrovandosi in un tumultuoso consiglio fiorentino, sclamò: *Contro a chi volete pugnare?.. Contro a' vostri fratelli?.. Che vittoria avrete?.. Non altro che pianto.* (Vedi il Murat., *Rer. Ital. Script.*, tom. *IX*).

danneggiata; nè perchè di partecipar vi piacesse ne' loro malfatti; nè perchè vaghi voi foste di vezzeggiar que' re plebei, i 'quali ebber tuttavia per molti anni di molto teneri vezzeggiatori tra gli stessi sommati europei; nè perchè avidezza di profitti a far loro spalla v' inducesse; ma perchè (e sola questa fu la cagione la qual mosse i più di voi ad esser con loro) voi opinaste, tutte le italiche genti dover potere, per la costoro opera, pervenire ad una general colleganza, alla qual conseguire sempre mai tesero i più sagaci, i più disinteressati, e veramente gli ottimi cittadini d' Italia. E in verità negar non puossi che non prendesser essi molta speranza intorno a questo, quando l' iniquo Buonaparte, venuto la prima volta con esercito francese nelle nostre belle contrade, ci bandì tante lusinghiere ed attrattive cose, che ciascuno già quasi vivea nella fidanza di veder da quindi a non molto tempo perdur l' opera ad effetto. E quantunque alcuni de' nostri, sicome quelli ch'eran più degli altri avveduti e previdenti, ben s'accorgessero infin di que' tempi che a' bandi, e alle parole di quel perfidissimo uomo, e della rea turba di ladroni che gli facevan corteggio, non eran punto le opere rispondenti, perciocchè, sotto titolo di libertà, commettevan essi le più licenziose rapine, e i più gravi mali; pur nondimeno è tale e sì fatto il bene che ciascun sa dover poter trarre la patria dalla consorteria di tutte le genti nostre, che quegli stessi sagaci uomini, avvegnachè de' coloro eccessi fosser eglino assai dolenti, estimavan tuttavia che il sommo de' mali per noi non sarebbe stato il comperar cotanto bene, eziandio al gravissimo prezzo del dover satollare, non men l'avidezza di quell' ingordo capo, che quella, fors' anche più ingorda, della sua seguace turba (24).

(24) Ed è anche da dire che que' medesimi sagaci uomini nostri credevan di que' tempi, che le libere cose avessero avuto forza di modificare alquanto la natura delle genti che propagavano, e mettevan quelle in voga; e che perciò potesse l'uom fare alcun capitale, sì delle cose operate allora in Italia, sì delle promesse fatte alla nazione nostra. Ma essi furon del lor parere ingannati. E voglio dire che più che mai per vera fu trovata quella gran sentenza di quell' aguto ingegno del nostro Venosino:

Naturam expellas furca, tamen usque recurret.

Ahi perchè tutti gli uomini venuti allora d'oltremonti in Italia, non tennero della natura del dotto, sagace, onesto, e dolcissimo mio amico sig. *Duport,*

Io dir voglio dunque che, se allor poterono, così i più come i meno savj Italiani,
esser del lor parere ingannati, l'inganno non
potea aver più luogo, quando il crudel tiranno ebbe poi per opera apertamente mostrato che valere egli non volevasj della nazione nostra, se non come di serva e di
tributaria, non di se meno, che de' principali schiavi suoi, i quali erano ad una ora
della sua tirannia i cooperatori, ed i saldis-
simi sostegni. Or, se gl' Italiani, soperchiati
e sopraffatti dalle smisurate forze e dalle armi
di costoro, trar non poteronsi della servitù
loro, nè esimersi altresì del tutto a certi uficj
pubblici che da loro eran lor commessi; mai
tuttavia una parte de' guerrier nostri, in pro
di lui e di loro, bruttar di sangue cittadino
non avrebber dovuto le loro mani; e più ancora che troppo bene doveano essi già conoscere che, quale che stato fosse l' evento delle
pugne, niun' altra cosa da quell' inganne-
volissimo uomo egli aspettar non si doveano,
se non che duro servaggio, onerosi tributi,

stato commessario del *direttorio* francese in Roma?
O quanti danni, o quanti mali avrebbe fuggiti la dolente Italia! O quanto onore, o quanta gloria, o quanto
bene ne sarebbe anche tornato alla Francia!

e nostro avvilimento, così come l'esperienza di molti precedenti anni ampissimamente avealo già mostrato.

E chi fu in effetto il primo capital nimico ed il persecutore degli uomini liberi d' Italia (25)? chi il rubatore delle maggiori, e migliori italiche ricchezze? chi lo spogliatore de' nostri templi, e de' nostri musei ove serbavansi i capolavori di pittura, di statuaria, e di ogni altra maniera? chi il primo venditore della Veneta Repubblica? chi 'l trafficatore della Toscana, che si diè primiera-

(25) Ragionando io qui spezialmente di cose italiche, non entro a divisar più che tanto ciò che appartiensi alla Francia. I Francesi però, oltre ad altre tante cose, non debbono aver messo in obblio che il Buonaparte, per lo scoppio di polvere operato contro lui in Parigi nella strada *Nicaise*, fece trasportare, e miseramente perire nelle cocenti piagge del *Madagascar* da centodieci uomini liberi di Francia, i quali eran del tutto innocenti di quel fatto; ed oltracciò ch'egli, per torsi d'addosso l'impaccio di cento mila e più soldati francesi che non eran troppo vaghi che, in detrimento della libertà, egli s'insignorisse della Francia, escogitò, e fece asseguire le spedizioni d'Egitto, e di San Domingo, nelle tempestose vicende delle quali furon quelli pressochè tutti assorti.

2. 4

mente in iscambio dello Stato di Parma e
della Luisiana, che poscia fu ritolta, e che
finalmente dar volevasi in luogo della Spagna (26)? chi 'l dispartitore di gran parte del
nostro paese, che fu congiunto a terre straniere? chi 'l guastatore della patrie nostre
costumanze? chi 'l rapitore della gioventù
italica, la qual fu condotta in istranie contrade, acciocchè pugnasse, e spargesse il proprio sangue in solo pro de' forestieri? chi l'
impositore d' alieno linguaggio all' Italia, con
danno grave molto del suo natio, sì meli-
dioso, e soave (27)? chi 'l barbaro toglitore

(26) *De Pradt, Mém. hist. sur la révolution d'Esp.*,
facc. 270.

(27) I guiderdoni stessi che avea egli statuiti in Firenze, per far servar pura, siccome egli diceva, la lingua nostra, erano una delle usate frodi di lui; il quale,
appunto quando tramava di subissare alcuna cosa,
mostrava a parole tutte contrarie intenzioni. Così,
sovvertendo le novelle repubbliche, egli giurava di
ciò fare a sostegno della libertà. Così, mettendo successivamente in fondo tutti i già fermati ordinamenti
del viver libero, egli sempre affermava che, ciò facendo, e' voleva por freno all' anarchia. E così (senza
dirne altro), strignendo gl' Italiani, ed eziandio per
legge, a valersi di lingua straniera negli atti pubblici,
ne' dibattiti de' tribunali, ed in altro, egli certificava
che, per via de' suoi guiderdoni, egli avrebbe fatto

de' nostri archivj pubblici, e delle nostre
più pregiate scritture, perchè così per infino
i titoli tolti ci fossero della italica naturalità?
chi l' accenditore alle più ingiuste, e più mi-
cidiali guerre? chi 'l facitore di tanti spietati
eccidj, di tante orribili stragi? chi 'l corrom-
pitore d' ogni moralità, e d' ogni buon co-
stume, perchè atto a libertà quasi più non
fosse il mondo presente? chi 'l restauratore
di tante gotiche vanità, e delle miserie de'
cincischiati nastri, e delle saltellanti fanfa-
luche? chi 'l sostenitore di tanti infami ladroni, appo i quali era venuto in massima
che 'l frodare, e 'l rapinare altro non fosse,
se non che far de' buoni profitti (28)? chi 'l
rinnovellatore di tante crudeli e barbare pe-
nali leggi, ed anche quella che strigne ogni
uomo, sotto gravi pene, a esser delatore?
chi l' ordinatore di molte bastionate prigioni
da potere tener ne' ceppi, e a libito, cui la
tirannide non avesse in grazia (29)? chi 'l fal-

rifiorire il linguaggio nostro. Ma, se ragguardiamo
alla favella che comunemente or si parla e scrivesi in
Italia, noi veggiam per opera come l'empio uomo le
procacciasse purità, così operando.

(28) *Faire des bonnes affaires*.

(29) Il napoleonico decreto che ciò statuiva, fu dato

satore d'ogni verità nelle gazzette, e negli
altri pubblici scritti? chi di lui più fraudo-
lente, più astuto, più bugiardo, più perfido
uomo? e chi fu in somma (che troppo lungo
sarebbe a dirne ogni cosa) chi fu, io dico,
per più e più anni il pazzo e furibondo con-
ducitore delle italiche cose, e la principal
cagione delle presenti nostre sciagure, se
non quello scellerato tiranno cui non essendo
assai il vasto e ricchissimo imperio della più
grande e più bella parte d'Europa, meritissimamente, e con equa congruenza si diè per
punizione, non già la morte, che sarebbe
stata troppo speditiva pena, ma l'esser rilegato, e strettamente guardato sopra uno,
pressochè nudo scoglio, dell'altro terrestre
emisperio (30)?

fuori nel *Monitor* di Parigi de' 5 di marzo 1810, e
nel bel cospetto de' mutoli legislator francesi, ch' erano appunto allor congregati. Il principio di quel me-
morevole decreto è questo: *Considérant qu'il est un*
nombre de nos sujets detenus dans les prisons de l'É-
tat, sans qu'il soit convenable, ni de les faire traduire
devant les tribunaux, ni de les faire mettre en liberté,
etc.

(30) Nè mi si opponga che, a dispetto di tutto quello ch' io qui dico, non pochi degli ordinamenti, così

Nè mi si dica per avventura che le penul-
time sue sconfitte, ed il suo esser poi confi-

di leggi come di ministrazion civile e di altro, statuiti
in Italia sotto la dominazion del Buonaparte, essendo
ottime cose e da non dover mutare, sono quivi anche
oggidì debitamente sussistenti; perciocchè io, ciò non
negando in alcuna maniera, non negherò dimeno che
non debbasene punto saper grado a lui. L'iniquo tiranno, quando s'insignorì della Francia, trovò in quella,
ed altrove sì fattamente i principj della libertà messi
in voga, che non potè tanto fare, siccome certissimamente egli avrebbe voluto, che ogni vestigio ne fosse
affatto tolto via. Così le buone cose di que' tempi suoi
che le presenti italiche signorie doverono, quasi malgrado di loro, lasciar permanere, sono parto della rivoluzione francese, e de' Francesi stessi, e non opera
del Buonaparte. E anzi i liberi principj, al primo
tratto diffusi per tutta Europa da' Francesi, sono quegli stessi della libertà inglese, e di quella, che precellente è molto più, delle liberissime americane contrade. Ma, a commendazion de' Francesi, vuolsi qui
dire che forse soli essi in tutta Europa erano veramente atti a dar quel primo crollo, per l'asseguimento della grand' opera; e non solamente perchè egli
erano, e sono numerosa gente, e tutti insieme raccolti
ed annodati nel cuor de' più inciviliti popoli della
terra; ma perchè (siccome ottimamente già Cesare diceva), nell' imprender guerre, ed altre ardimentose opere *Gallorum alacer, et promptus est animus* (a). Ahi,

(a) *De bello gall.* Lib. III, cap. 19.

nato nel l'Isola d' Elba gli avesser fatto mutar
consiglio quanto all' Italia, siccome alcuni no-

perchè si trovò per vero quello che di loro lo stesso Cesare anche affermava : *Galli sunt in consiliis capi-
endis mobiles, et novis plerumque rebus student* (b)!
Per certo, se così non istesse l' opera, come diceva il
distruggitore della romana repubblica, da più anni in
quà già avrebbe la libertà suo nobil seggio in ogni europea terra. Come che la cosa sia, il gran crollo è dato,
ed il gotico dificio de' barbari tempi, che che si faccia contro gl' infiniti uomini che lo cozzano, e quali
che sieno gli sforzi degli statisti, e de' cortigiani per
metterlo in puntelli; star ritto più non potrà lnngamente.
La diffusione de' nobili pensamenti per le libere
cose (le quali, ove sieno immuni dalle licenze, fondamentano ogni felicità pubblica) è or sì grande, e
sì progressiva, che, eziandio che s'infragnessero tutte
le stampe, e tutti fosser arsi i libri e le manuali scritture, ne rimarrebbe pur tanto nelle menti degli uomini (e degli uomini i più ingegnosi, i più robusti,
e i più valorosi), che il dare indietro più non sarebbe
fattevol opera. Egli è questo processo di cose quasi come un grandissimo, e molto rapido, e maestoso fiume,
sì gonfiato per tante subite ed incessanti piove, che
le sue acque rasentano già l' estrema riva: ben possono, e anzi debbono, i cultori delle opposite terre
aver l'occhio agli argini, perchè l'onde non ribocchino
e non allaghino le campagne, e di quelle non disper-

(b) Quivi, lib. IV, cap. 5.

stri assai leggiermente par che credessero ,
e credan tuttavia ; perciocchè scientemente
è a me noto che colui, insignoritosi che fu di
nuovo della Francia nel 1815 , se struggevasi
di tosto riconquistar l'Italia, aveva già fatto
assapere ad alcuni Subalpini ch' erano allora
in Parigi, ch' esser dovessero essi presti a dover tornare quando che fosse a' loro ufici in
Piemonte ; il quale, non ostante i frapposti
altissimi monti, rappiccar novellamente dovevasi alla Francia. Or, se il Piemonte è, siccome ben si sa, una delle porte per cui si
va nelle dolcissime contrade del

..................................bel paese
Che Appennin parte , il Mar circonda, e l' Alpe (31),

assai manifesta cosa è che colui che faceva disegno di nuovamente aver quelle in suo potere, ed il quale era stato, ed esser voleva ancora (che che altri in contrario ne dica) il

dano ogni frutto ; ma volere all' impetuoso fiume far
contrasto, e presumere anzi che l' acque sien da so-
prattenere , e oltracciò che quelle retroceder debbano, questa è veramente stolta impresa , da dover l' uom
presagire a cui con violenti modi tentar la volesse, total sommergimento, non meno di lui stesso, che delle
cose sue.

(31) Il Petr. sonet. 114.

dominatore assoluto di possente, e bellicosa
nazione ; manifestissima cosa è, io ripeto,
che l'Italia egli di nuovo sottometter volesse allo svilimento, e alla suggezione straniera.

E del resto puossi ragionatamente pensare,
e credere altro de' fatti di colui, per rispetto
alla patria nostra, ove consideratamente pongasi mente al misero, e vilissimo stato nel
quale egli la tenne per cotanti anni, e a' mali
senza numero che da lui anche le furon fatti?
Quanto è a me, (quali che fossero le lusinghe
che intorno a ciò verso me si usassero, non
pur da alcuni prezzolati ribaldi, ma eziandio
da certi, anzi malcauti, che malvolenti uomini) mai per certo alcuno non potè indurmi
a portar giudicio dell' empio tiranno altramente ch' io non feci, e perciò mai io altresì
raffrenar non potei l' impeto dello sdegno,
e dell' odio che sempre acceso io ebbi ed ho
in petto contro lui, perciocchè egli fu senza
fallo uno de' più crudeli nimici che mai avesse
la patria nostra, e l' uomo perfido che disfar
quella del tutto anche voleva ; quantunque
egli assai più che ogni altro uomo il qual vivuto fosse ne' tempi succeduti all' Imperio Romano, render lei avrebbe potuta felicissima,

siccome quegli che agevolissimamente, e con universale assentimento collegar poteva in uno tutti i suoi abitatori, e tutte le sue forze. E ben per questo io, nel mortal odio che meritissimamente gli porto, e porterogli infin ch' io viva, non so al tutto in me stesso discernere se più io sia mosso ad odiarlo pe' mali sommi ch' egli fece al nostro paese, che pel bene ch' e' gli potea fare, e fargli non volle (32).

(32) Vuolsi però avvertire che, come uomo italico, e molto dolente de' gravi mali della patria mia, io qui ragiono, e non altramenti. Che assai son di quelli, così guerrieri come uomini d' ogni fatta, i quali a sole le vanità e le utilità lor particolari avendo rispetto, e della propria, così come della straniera servitù non avendosi essi mai dato alcuna briga, ebbero, ed hanno ora più che mai pareri affatto dissimili a' miei intorno a questo. Or ne pensino pur eglino come più lor torna bene, che non intendo io miga nè di frastornarli ne' pensamenti loro, nè di rappacificarli nelle dolorose querimonie ch' essi fanno, per esser così intempestivamente sopravvenuti i ghiacci di Mosca a rompere il corso delle nobili imprese dell' eroe; le quali, a detto loro, state sarrebbono impermutabili senza quella sciagura. Or certissimamente a me così non pare. Io anzi credo fermissimamente che, se i ghiacci non avesser fatto venir meno tutte le pazze voglie del loro nume, altra cosa sarebbe, quando che

Nè quì è da pretermettere che, quantunque egli fosse cresciuto in istraniera terra, e tra le vanitose dottrine di dominazione quivi nutrito, era pur nato in un' isola italica quel

sia, intervenuta, e lo stesso fine avrebbon anche avuto le sue nefande opere. Che nel vero, potentemente calcitrando tutti i popoli europei all' odioso servaggio che gli oppressava, non ne poteva alla per fine altro effetto seguire che quello di cui noi fummo veditori. Di che, se io fossi francese, e aleun mi dicesse: *Piuttosto che aver sostenuta la onta delle tocche sconfitte, e della prima e seconda occupazion di Parigi, e della Francia, e di quella delle fortezze francesi, e de' balzelli, e vattene là; non avresti tu amato meglio di non aver mai avuto la gloria delle precedenti napoleoniche vittorie?* Maisì, senza punto stare in forse, io risponderei; e parrebbemi far cosa commendevolissima, ed onorevole anche molto per la nazione mia, cosi rispondendo. Questa, chi ben guarda, è una delle più giuste e più pugnenti censure che far si possano delle vantate glorie del Buonaparte. Ma quei che ne' bellici successi, sotto titolo di gloria, ad altro realmente non mirano, che al crapulare e all' arricchire a sconcio e a danno de' soggiogati popoli, avvisan del tutto altramenti ch' io non fo. E cosi io ripeto che non intendo miga, che altri non pensi interno a ciò come più gli piaccia. Ben io però dico, e dirò sempremai che, quanto è a me, altro che per un tiranno infame, e per l'artefice principale de' sommi mali, e della rovina del mio paese io tener non posso il Buonaparte.

ribaldo, e perciò se alcuna favilluzza d' amor
di vera gloria fosse mai potuta entrare nel suo
barbaro petto, piuttosto che esser d' Italia,
siccome egli fu, il distruggitore ed il tiranno,
certamente ne sarebbe egli stato il benefa-
citore, ed il sostegno. Ma era sì fitta nel cuor
di lui la pazza voglia di far della sua, una delle principali sovrane schiatte, che, lasciati i pensieri della vera gloria da una parte,
ad altro e' non rivolse l' animo suo, se non
che a statuir regni, a rizzar troni, a figgersi in capo delle corone, ad ornarsi di regj
manti come una donzella, ed a far regali
mostre, accerchiato da quegli stessi popolani
francesi che, benchè sì alteri e sì rigogliosi
si fosser mostrati alcuni anni prima verso gli
antichi re, e le nobili prosapie, stavansi pur
poi tutti quatti, rannicicchiati, ed umili dinanzi ad un vil soldatello di Corsica. Ma perciocchè n egli conosceva che tutte quelle sue
ciurmerie non montavano gran fatto, sì perchè si potess' egli appareggiare in gentilezza
a' vecchi re d' Europa, sì perchè alla stessa
stregua ed al medesimo ragguaglio andar potessero i suoi plebei cortigiani, che d'altieri repubblicanti eran transformati in forse più orgogliosi duchi, conti, e baroni; seco avvisò

egli di tramescolare il più ch' e' potesse le vecchie con le novelle vanità, tanto che, se con
questo mescuglio non fosser mondate le sozzure delle seconde, si deturpasser tanto le
vantate mondezze delle prime, che le une
si potessero a un bel circa por pari alle altre. E vennegli sì ben fatto, che non pur senza
troppe contraddizioni egli accozzò queste recenti, e sudicie cortigianesche alterezze con
le splendissime de' tempi andati; ma tanto e
sì e' trasumanò e se e i suoi, quantunque al
tutto insozzati nelle scostumatezze e nella
corruttela di tutte le democratiche licenze,
che per diretto o per indiretto egli si trovò
aver per congiunti parenti i più, e i più possenti de' reggitori d'Europa; i quali anche per
più anni posero ogni loro studio nel farlo cor-
teggiare, e nel volergli andare a versi. E così
assai aperto si può conoscere come a quando
a quando la providenza divina, rimestando,
per così dire, col più feccioso limo dell'
umana generazione anche il più chiaro sangue delle regie schiatte, molto acconciamente ridur voglia a memoria a' possenti dominator della terra la comune origine nostra; perciocchè, se furono essi posti a reggere gli altri uomini, non sono eglino però

dà quegli in alcuna maniera dissimiglianti,
siccome apertissimamente si mostra per quelle parole de' santi Vangelj : OMNES AUTEM VOS
FRATRES ESTIS (33).

Ma perchè a suspicar non si avesse per
avventura che tutto quello che testè io dissi
della napoleonica schiatta e consorterìa, proceda da malvolere o animosità mia particolare, io recar quì voglio a lingua nostra un
passo dell' egregia opera francese che ha per
titolo *il Censore Europeo*, e ch' è compilata
da' sigg. *Conte, e Dunoyer*, uomini, non men
di sapere, che di rettitudine somma. Chiaro
apparirà per questo solo brano dell' opera
loro che, innanzi ch' io volessi amplificar
le cose, io fui molto temperato in quelle che
ragionai intorno a questo. Dicono dunque i
prenominati sagaci uomini che « se altri co-
« noscer voglia appieno lo stato morale della
« Francia, assai è il rammemorarsi le opere
« dell' ultimo suo governo. Non prima un
« uomo ebbe ghermite le redini dello Stato,
« che, usurpando i diritti della nazione,
« egli s'insignorì dell' amministrazioni de'
« comuni, delle amministrazioni delle pro-

(33) San Matt., c. 23, 8.

« vincie, delle milizie urbane, de' tribunali,
« dell' educazione pubblica, della facultà di
« pubblicare le scritture per le stampe, ed
« in somma di tutte le istituzioni fermate a
« difesa de' cittadini contra gli abusi della
« signoria. E chiamati poi ne' pubblici ufìcj
« tutti coloro i quali a somma viltà e bassezza
« d' animo aggiugnessero alcun sapere; e
« per converso fatti dileguar quelli che,
« quantunque non indòtti, avesser cuore, e
« probità; e tratto dagli uomini industriosi
« il fior della popolazione, la quale, mal
« grado ch' ella n' avesse, fu tramutata in
« oziosi soldati, acciocchè divenisser suoi
« complici, non essendo più atti ad alcuno
« util mestiere; ed eccitato nel cuor d' ogni
« uomo ciò che ha nel mondo di più vile,
« perchè ogni passione abbietta, e ontosa il
« corresse ad associare, e sovvenire; e final-
« mente accerchiato da sola la feccia di quanti
« si tennero a parte, avendo trasformati in
« duchi, in baroni, in ciamberlani, in sena-
« tori i vecchi marchesi della monarchia feu-
« dale, e i popolani del *Robespierre*, egli
« offerse a questa immonda ciurma le spo-
« glie della Francia, e dell' Europa, a solo
« patto ch' essi si prosternassero, e adoras-

« serlo : *et ostendit ei omnia regna mundi*,
« *et dixit ei : haec omnia tibi dabo, si ca-*
« *dens adoraveris me.*

« Durante questo lungo regno (soggiun-
« gono i sopraddetti liberi scrittori), il più
« funesto che popolo mai oppressasse, po-
« sciachè le calamità presenti della Francia da
« quel regno, di necessità procedettero, la
« proprietà ricevette così dannevoli nocu-
« menti, come quelli ch' ella ebbe, duranti i
« turbamenti della rivoluzione. Una moltitu-
« dine di senatori, di cortigiani, di prefetti,
« di principesse, di consiglieri di Stato, di
« ministri, di legislatori si compartiron le
« imposte messe al popolo; e tuttavia quali
« furon le cose che, per retribuzion di ques-
« to, in servigio del popolo essi operassero?
« E quelle torme di soldati, di sustituti, di
« facitor di canzoni, di spie, che erano sta-
« tuiti a sostegno del trono, come furon pro-
« fitto al popolo che li nutricava? Eran essi
« stati eletti in pro di quello, o ad utilità
« dell' uomo che tutto a se voleva che si as-
« seguisse? Noi non farem punto motto di
« ciò che intervenne ne' paesi che furono
« militarmente occupati: *ma convenir do-*
« *vrassi, gli eserciti francesi non aver quivi*

« *imparato a conoscer che fosse la proprietà,*
« *nè quivi abituatisi ad averla in reverenza.*
« Il male più grande che abbia generato que-
« sta universal ruberia, non nacque già dall'
« aver tolto, senza utilità, alla gente indu-
« striosa una parte delle sue ricchezze; ma
« dall'aver fatto incattivire un numero immen-
« so di persone, assuefacendole a viver nell'
« ozio, o ad esser salariate, e non miga pel
« bene che operassero, ma pel male onde
« quelle eran complici; ed oltre a questo
« dall' aver tolto via il disonore che detur-
« par dee ogni uomo il qual divenga sussi-
« diario dell' usurpazione, e della tirannia;
« e finalmente dall' avere avvezzato gli oc-
« chi del popolo alla laidezza del vizio,
« rendendo quello all' apparenza di questo
« al tutto non atto a sentire alcun ribrez-
« zo (34). »

(34) *Le Censeur Européen*, tom. III, f. 42, e segg.
L'iniquo tiranno che tutte queste reità aveva studiosamente operate, avrebbe mai potuto procacciare
che divenisse libera la Francia? Soli gli stolti uomini
avrebbon ciò potuto dare a credersi. Or donde venne
tuttavia che quando, tornato egli dell' Isola d'Elba, e
della Francia di nuovo fattosi signore, non pochi Francesi (onesta, sagace, e libera gente) gli fecer plauso,

Quanto è poi al *Beauharnais*, e al *Murat* voi eziandio ben sapete, amatissimi miei

e diedergli di spalla nell' impresa sua? Da molti moltissime cose ne furon dette, e scritte; ma io per me credo che i più non seppero, e alcuni per avventura non vollero, o non poterono *rem acu tangere* intorno a questo.

Come che ciò sia, io, a disinganno di coloro che dalle lor passioni non lasciansi del tutto accecare, voglio narrar cosa ch' io ho da persona fededegna, e la quale molto opportunamente a raccontarsi quì mi tira. E nella lingua stessa che furon profferite alcune parole, io le ripeterò, acciocchè non si avesse a credere che, recandole nel volgar nostro, se ne fosse da me rivolto in altre forme il significato. Io dico dunque che messer Buonaparte, tornato nel 1815 dell' isola d'Elba in Francia, e pervenuto a Lione, ed essendo in concio d'entrare in cammino verso Parigi, fu visitato da una persona ch' era quivi in dignitoso uficio, mentrechè a testa si gridava e schiamazzava nella piazza ch' era rimpetto alla sua abitazione. Per la qual cosa egli disse al visitante. *Qu'est-ce que c'est que ce bruit-là? Sire, répondit cette méme personne, ce sont des cris de joie des Lionnais et des militaires, à cause de votre retour. Buonaparte, en haussant les épaules, s'écria : Eh! oui..... de la canaille,..... des soldats .... c'est bien la méme chose. Et quelques instans après, il ajouta : Je ne puis désormais me soutenir en France que par des moyens révolutionnaires : je ne les aime point du tout.* Grande ammaestramento esser dovrebbe

2.   5

Compatrioti, che conto voi tener dobbiate delle costoro opere, in acconcio della patria nostra. Fu bene il primo, strenuo difenditore, non già de' vostri diritti (i quali così egli spregiò sempre, come voi stessi egli ebbe a vile), ma de' napoleonici voleri nella nostra Italia; e quando poscia, disfatta la tirannide paterna, voleva pur brandir sua spada in pro di voi l' adottivo figliuolo, sagacemente egli estimava che cinta innanzi tratto aver ne dovesse la fronte di diadema, e corredata d'aureo scettro la mano; ch' erano allor le cose venute a tale, che veramente quasi ogni soldatello dell' esercito del Buonaparte, non che un capitano come il *Beauharnais*, si credeva poter, quando che sia, conseguire un trono, e una corona. Ma, come che ciò fosse, gli onorati milanesi cittadini, che tante belle testimonianze di prodezza e di patrio amore diedero a questi anni passati, avendo

---

questo fatto, non solamente a tutti que' guerrieri di più paesi d' Europa i quali credevano, loro esser da lui amati; ma a tutti coloro altresì che allor presumevano, lui aver mutato consiglio, e dover divenire il campione delle libere genti. Se la fortuna gli fosse di nuovo stata amica, ben sarebbesi veduto come gli uomini veramente liberi sarebbon da lui stati conci!

meritamente rifiutate quelle profferte, il *Beauharnais* fece suoi mercati co' duci dell' oste forestiera, e lealmente dando lor la possessionne di Mantova e di altre fortezze, e in poter loro altresì mettendo i mali avventurati guerrier nostri, compiè l'opera, che sarà memoranda, delle sue gloriose italiche geste (35).

(35) Di quel concettoso nostro proverbio che dice: *Pagare il boia che ci frusti*, mai forse non si fece più giusta appropiazione che far si possa verso i miseri Italiani, per rispetto al *Beauharnais*. In effetto non furon già gli occupatori delle italiche contrade, e quei che ne traggon ora ogni profitto, ma i suggettati italici cittadini che a lui dar doverono la retribuzione di quelle segnalate opere sue. Così, partendosi egli d'Italia, del tutto a queto potè trarsi dietro tante italiche ricchezze; e così, perchè in Italia fosse perpetua la rimembranza di que' suoi lealissimi fatti, furongli concedute ampissime possessioni nello Stato Romano, il quale molto indebitamente ne porta or le pene (a). Ma, così stando l'opera, io per me non so come il sig. Roberto *Wilson*, in quella sua operetta di cui con debita lode noi parlammo (b), potesse aver cuor di dire che « la più pura integrità, ed un alto « sentimento d'onore specificarono *tutte le opere* di

(a) Vedi la nota 51 del RAG. II.
(b) RAG. I, facc. 109.

Finalmente il *Murat*, che dal sucidume e dal puzzo delle paterne stalle era trapassato

« quel valentuomo (*c*)*!* » E anche più che nella faccia precedente di quel suo libro, parlando di que' mercati del *Beauharnais* con gli Austriaci, egli stesso aveva detto: « Eugenio consenti ad un articolo sopraggiunto, « per vigor del quale tutto il paese *(cioè il Regno d'I-* « *talia)* fu renduto agli Austriaci, come malleveria « pe' collegati : nel qual atto avend' egli deviato dalla « sua primordial politica, n'ebbe poi forse pentimento, « perchè *certamente questo agevolò la partizion del* « *regno.* » Similmente, ragionando del Buonaparte, il sig. *Wilson* dice : « Egli fu, e sarà sempre con af- « fezion rammemorato dall' Italia (*d*). » Ma questo non è, nè può esser vero, se vero è (senza parlar d'al- tro) ciò che senza mezzo il medesimo sig. *Wilson* quivi soggiugne con questa clausola : « Se dell' Italia, « *quantunque ciò non volesse la Francia*, avess' egli « fatto un grande non suggetto Stato, o una confede- « razion di Stati, la fama di lui per così fatta opera « sarebbe stata immortale, ed il nome suo sempre ri- « cordato con gratitudine dall' umana generazione. » Oh quanto più pregevole sarebbe quel libro del sig. *Wilson*, se egli, mosso da spirito di parte, e non cer- to da alcuna men che onesta cagione, non fosse caduto in alcune così fatte incongruenze, per lo avere egli tolto così a santificare alcune delle tante inique opere, non pur del Buonaparte (il qual tuttavia egli avea pri-

(*c*) *A Sketch*, ecc., facc. 77.
(*d*) Ivi, facc. 68.

a calcare i soffici drappi del regal solio, teneva suoi mercati anch' egli co' principali
reggitor d'Europa, ch' eransi già con esso lui
bellamente affratellati, e mandate avevan anche delle splendide ambascerie alla sua corte.
E benchè, con lor trattando, facesse anche
veduto agl' Italiani che in pro di loro egli operava; pur se non è chiaramente dimostrato,
lui aver dinunziati, siccome già si disse, tutti
que' nostri Compatrioti che furon messi nelle
paterne austriache prigioni (36), certa cosa è

ma tanto biasimato), ma eziandio dell' ampia caterva
che gli fece spalla nelle sue malvage opere.

(36) Nel bando che il Murat diè fuori in Rimini, a'
30 di marzo 1815, par ch' egli volesse dare a credere agl'
Italiani che sola l'Austria fosse da accagionare di quelle
carcerazioni. Ma chi potrebbe fiducialmente giurare
che, mutati i tempi, mutato non avess' egli opere, e
parole? E forsechè non corse fama di que' tempi in
Italia che uno straniero, di nome non volgare, il quale da parte di lui era ito a sollucherare, e a tender lac-
ciuoli ad alcuni valorosi Italiani ch' erano allora nel
Milanese, gli avesse poi di ciò tacitamente incolpati
alla forestiera signoria? E forsechè del suo sapersi volgere ad ogni vento non dicci anche un' altra pruova
la lettera che da' principali alloggiamenti di lui il sig.
Millet de Villeneuve scrisse al capo dell' esercito austriaco a' 21 del susseguente aprile, cioè quando la
bellica impresa annunziata con tanto di fidanza nel so-

che que' suoi trattati non tendevano miga ad
alcun vero bene d' Italia, ma sol tanto a procacciar che, per patto diffinitivo, foss' egli
confermato nella bellissima partenopea signoria. Che se di conseguir quel cotanto, senza
dovere avere alcuna ulteriore ansietà, render
si foss' egli potuto veramente sicuro, certissimamente e' non avrebbe fatto motto o zitto
veruno, eziandio se tutto il rimanente d' Italia messo si fosse a fuoco e fiamma. E se mai
fosse alcuno che pienamente ancor di ciò
persuader non si vollesse, io in servigio di
lui addurrò quì un altro brano della già più
volte allegata aringa di messer *Castlereagh,*
per via della quale io sono certo che ogni
dubbio si torrà via intorno a questo. Egli è

praddetto bando de' 30 di marzo, aveva già avuto il
tracollo? Il *Milet,* tra le altre belle cose, diceva in
iscusa del *Murat,* suo signore, che la guerra era stata
rotta, *senza che quegli la volesse,* e che per conseguente rannodar poteansi le amicizie tra l'austriaca
corte, ed il re suo. Ma il duce dell' oste forestiera si
rise, come egli far doveva, di quella favola; e, procedendo oltre nelle sue guerresche opere, ebbe tosto fatto
convertire in fummo quest' altra soldatesca signoria.
(Di quel bando, come di quella lettera può, chi n'
avesse vaghezza, leggerne il testo nell' allegata opera
dello *Schoell,* tom. V, facc. 42, e 101).

da saper dunque che non prima il *Bentinck*
ebbe messo in campo quel suo mendace, e
perfido bando nel qual si prometteva independenza, e libertà agl' Italiani (37), che
il regnator *Murat* ne mandò tosto signifi-
cando le sue querele a messer *Castlereagh*,
ch' era allora negli alloggiamenti de' collegati
sovrani, là dove il sopraggiunse il duca di
Campochiaro, recatore di sì fatte querimonie, e fido e sollecito manifestatore delle
pugnenti ansietà del suo signore (38). Ma lo

(37) Vedi la FATTISPECIE, facc. 39, e segg.

(38) Nello scritto però che messer lo duca presentò
allora al regio ministro inglese, acciocchè potesse menar pompa de' liberi pensamenti del suo *Murat*, egli
eziandio diceva che, posciachè ne' bandi del *Bentinck*,
in sull' innanzi della costituzion di Sicilia, parlavasi
di *collegamento*, e di *rigenerazioni* per l'Italia, egli
non vedeva con che argomento si potesse vietare allo
stesso *Murat* il dovere poter fare il simigliante (a).
Or perchè nol fec' egli? e, se non verso tutti gl' Italiani, in pro almeno di quelli del regno di Napoli?
Ma ser *Murat* erasi riserbato il doverne venire a questo, allora quando, sconfitto interamente e messo in
caccia l' esercito suo, egli stesso non sapesse dove fossegli più conceduto il potersi rifuggire. O per certo in
quel suo durissimo frangente egli, tutto contrito, im-

(a) *Schoell*, tom. VI, facc. 361, e 362.

statista britanno, che quantunque in cuor suo
si facesse beffe e del signore e del servo,
non volendo pur nondimeno tor fede nè all'
uno nè altro, con recisa ripsosta quetò im-
mantinente, ma sol tanto in parole, le loro
sollecitudini, dicendo « che le forze inglesi
« in Italia operar dovevano in istretta colle-
« ganza con l'Austria, quali che fossero state
« ad un precedente tempo, ed in circostanze
« affatto dissimili, le intenzioni che potesse
« avere avuto il suo governo (39) ». E per soli

poneva al suo ministro *Agar* che incontanente disten-
desse una ben libera costituzione pe' *sudditi suoi*, e
con intenzione senza fallo di ridurla a nulla, come
prima i tempi stati fossero meno contradiosi. Ma che !
egli è da sperar forse libertà nel viver civile da licenziosi e rapaci soldati, e massime da' più di quelli
che furono addottrinati nella nefanda scuola del Buonaparte ?

(39) « He was, at that time, at the head quarters
« of the Allied Powers in France and a communica-
« tion was made to him on the part of marshal Mu-
« rat, then on the throne of Naples, complaining of
« this proclamation. He answered the Duke de Campo
« Caro, who come on the part of marshal Murat,
« that our forces in Italy were to act in strict alliance
« with the Austrian Governement, whatever intentions
« our Governement might have entertained at a former
« period, and under circumstances entirely different. »

questi pochi motti (il direm quì così alla sfuggita), inavvertentemente usciti di bocca al *Castlereagh*, noi siam nuovamente certificati che i presenti regj ministri della Gran Bretagna, laddove le circostanze e l'utilità loro il richieggano, ridonsi al tutto di precedenti intenzioni, e promesse (40). Del resto il *Murat*, e i suoi consiglieri, i quali erano stati in gran sollecitudine per quel menzognero bando del *Bentinck*, che annunziava libere cose all'Italia, non s'accorgevano punto che avevano essi a fare con astute genti; che non men lui e loro, che tutti gl' Italiani aggirar volevano, siccome in effetto essi fecero. Non si ruppero gli statuiti patti al *Murat*, e lui non si tolse della speranza del regnare, infinattantochè ed operò egli in pro de' collegati principi, e poteva agevolmente, e con

The Courier, *fogl. de' 21 di marzo 1815*, facc. 3, *col. 2, in princ.*

(40) Dissi *nuovamente*, perchè nel RAG. I, facc. 171, e segg. fu per noi allegato un passo d'una lettera del *Castlereagh* al *Bentinck*, nel quale chiaramente anche appare che questi, nelle promesse che co' suoi bandi fece agl' Italiani, non operò già di sua testa, ma *in adempimento degli ordini che ad un precedente tempo ne avea ricevuti.*

felice successo tutta a romore levar l' Italia (41); ma quando fu poi quella in gran
parte occupata dagli eserciti loro, ed eglino
nè dell' opera di lui avevan più mestieri, nè
più si curavan del suo romoreggiare, s' incominciò destramente a fargli pervenire agli
orecchi delle sinistre voci, le quali troppo
ben significavano ch' egli poteva andarsene
con Dio. Se ne foss' egli stupefatto e adirato,
non è da domandare; che ben s'avvide egli
allora, ma troppo tardi, ch' era stato maestrevolmente ingannato. Il perchè più non fu
egli poscia rispettivo con gl' Italiani, anzi
facendosi loro incontro tutto aperto, invo-
cava anch' egli, quantunque straniero, i
dolci nomi di patria, di libertà, e di altre
sì fatte bellissime cose; e forse anche al trono
e alle corone, assai male a lui convenientisi,
avrebb' egli altresì renunziato, se il renun-
ziarli avesse almen potuto generar nocimento a quei che s' eran dipartiti della sua fratellanza. In questo medesimo latino d' ec-
citamento ad amor di patria, e di libertà, e

(41) Oltre a più altre cose che abbiamo intorno a
ciò detto in altri luoghi di quest' opera, è da rilegger
segnatamente la più volte allegata annotazione 52, ch'
è alla facc. 143, e segg. del RAG. I.

d' independenza era anche scritto il dinanzi
assegnato bando col quale, di Rimini a' 3o
di marzo 1815, egli sì caldamente infervo-
rava gl' Italiani; e tuttavia, non già come
egli in esso bando diceva, per diffinitamente
veder modo che *per secoli fosse libera l' Italia, e non più serva* (42), perchè, se egli
avesse realmente ciò voluto, molto tempo
prima avrebbe egli dovuto, e potuto procacciar di recar l' opera ad effetto; ma veracemente, nel ripentaglio in cui e' si vedeva,
per indur gl' Italiani a correre a fargli spalla,
acciocchè egli giù non tombolasse della regia
ciscranna (43).

(42) *Schoell*, *Recueil*, ec., tom. V, facc. 43.

(43) In una operetta data fuori dal Macirone, natio
d'Inghilterra, ma originario romano, la quale ha per
titolo : *Interesting facts relating to the fall, and death
of Joachim Murat*, seconda edizione; si ha una lettera
di questo medesimo reggitor *Murat*, scritta in Aiac-
cio, a' 28 di settembre 1815, allo stesso Macirone, che
aveval quivi sopraggiunto, e che, come la lettera medesima il dimostra, non aveva potuto cavargli del capo
quell' ultima sua stravagantissima impresa, la quale
il condusse a dover morire. Tra le altre cose, ser *Murat* diceva al Marcirone in quella lettera : *Io ho il
diritto di ritormi la* MIA CORONA *, se Iddio mi presta
forza, ed aiuto*. Ma, lasciando stare queste sciocchezze,

In quel suo bando andava tuttavia dicendo il valentuomo : « Italiani voi vi siete maravi-« gliati che in vano voi m'avevate infino a quì « chiamato : voi credevate forse ch' io mi « stessi in ozio (44). » O, no no, noi sape-vamcelo pur bene che voi e tutti i vostri non eravate oziosi : voi avevate anzi di grandi bri-ghe pe' troni, e per le corone che vi si vol-gevano per lo capo, e facevanvi quasi dar nelle smanie. E quantunque voi ci voleste dare a credere che non v'eravate messo all' opera « perchè il tempo favorevole non era « ancor venuto, e perchè non avevate an-« cor la pruova della perfidia de' nimici no-

quello che io qui dir voglio, è che ser. Gioacchino anche scriveva al Marcirone in essa lettera : *Verità è ben manifesta ch' io non ributtai indietro gli Au-striaci infino al Po, se non perchè a forza d'intrighi mi si era dato a credere ch'essi s'apprestavano a guer-reggiarmi.* Con somma ragione io dunque testè dissi ch' egli non operava allora per diffinitamente veder modo che *per secoli fosse libera l'Italia, e non più serva,* siccome nel suo bando di Rimini aveva tutta-via affermato. E ciò che diceva il *Millet de Villeneuve,* secondochè io mostrai nella precedente nota 36, con-corda a un puntino con le parole del *Murat.*

(44) *Schoell,* tom. V, facc. 44.

« stri, (45) » noi tuttavia crediamo, e dobbiam credere che, quanto è a voi, altro tempo voi non aspettavate, se non che quello di potere aver ben fitta in capo una corona, e d'altra perfidia in cuor vostro non vi dolevate, se non che in questo vi si fosse fatta la cilecca, come per trastullo l'uom fa talvolta co' bamboli. Ma già, che sono altro che bamboli i re plebei, e gli uomini novellamente nobilitati che stoltamente fanno pensiero, loro potere un lungo tempo vivere a buon concio co' re, e con le nobili persone delle antiche schiatte?

Come che sia, se fu mai uomo aggirato in questo mondo, e al quale si mostrasse bianco per nero, ser *Murat* è certissimamente quell' uno. E potea per altra parte ciò essere altramenti? Quando pressochè alcuna promessa non era attenuta a' popoli, quando l'Italia era assegnata a dover fare l'acconcio delle smodate avidezze di alcune grandi corti europee, quando tutta Europa era già sottomessa ad altri dominatori, non sarebbe stata veramente una stoltezza il credere che si dovesse allora servar fede al *Murat?* Assai chiaro si potè

(45) Quivi medesimo.

conoscere, per tutto ciò che noi allegammo in quella nostra annotazione del RAG. I (46), di quanta importanza fosse creduto nel principio del 1814 l'aggiugnimento di lui all'europea colleganza, e come anche per non torgli fede, e poterlo maestrevolmente trar nelle reti che gli si tendevano, si procacciasse d'andargli a versi, e fargli, anche per solenne patto, molte larghe promesse. Ma, venuto il tempo del doverle attenere, s'incominciaron tosto le indizioni a mutare, sì che, messo affatto in obblio tutto ciò che aveva egli operato in pro de' collegati guerreggianti, d'altro non si tenne ragione, se non che delle sue suppositive colpe (47). E si produsser lettere, e diessi mala voce ad ogni sua bellica opera, e, spiato ogni suo fatto, ogni suo andamento, ed anche ogni motto suo, studiosamente tutto si rivolse in altre forme (48). E massime

(46) Cioè nella nota 52, facc. 143, e segg.

(47) Oltre a quel ch' è detto nella prenominata annotazione 52, vedi ciò che mette in mostra l'altra nota 77 del RAG. stesso, facc. 173.

(48) Chi senza parzialità, e con la debita ponderazione sa giudicar delle cose, può farsi chiaro di quello ch' io qui dico, eziandio ne' documenti che sopra ciò raccolse lo *Schoell* nell' opera sua (qui sovente allegata), tom. V, VI, e VII. E per più piena pruova

(in Vienna, come in Londra) tanto dissero, operarono, e brigarono contro lui gli anglici statisti (49), ch' egli, veggendosi mal parato, ruppe con l'Austria; e, come ne' più gravi casi sono usati di fare i medicanti,

legger si può l'opera del Macirone, da me addotta nella precedente annotazione 43; ed altresì l'altra dell' *Hobhause*, ch' è intitolata : *The last reign of the emperor Napoleon.*

(49) Soli i documenti addotti dallo *Schoell* ne' tomi dell' opera sua, assegnati nella nota precedente, tutto ciò dimostran molto apertamente ad ogni sano intenditore. Non ostante questo, il Macirone nella sua testè menzionata opera (faco. 24, e 25) afferma che, tornato che fu il Buonaparte dell' Isola d'Elba in Francia, temendosi con ragione non il *Murat* si affratellasse di nuovo con esso lui, messer *Castlereagh* aveva scritto al duca di *Wellington*, il quale era allora plenipotenziario della corte britanna in Vienna, ch' essendo Napoleone postosi nuovamente per capo della nazion francese, i regj britanni ministri estimavan che fosse proprio il congregare le maggiori forze che per lor si potesse, e che perciò eran essi venuti a prender per partito *che senza mezzo fosse da fermare un patto di colleganza col Murat*. Ma questo subito consiglio di quegli statisti tornò a niente, perchè, quando pervenne in Vienna la lettera del *Castlereagh*, ser *Murat* era già impacciato nella sua mal augurata impresa.

egli volle piuttosto far pruova d'un rischievole rimedio, che rimanersene, come suol dirsi, con le mani a cintola (5o).

Ma l'impresa sua era allora del tutto serotina e tarda. Se a questo partito si fosse appigliato, quando egli, regalmente operando, mandava il Campochiaro a far querimonie con messer *Castlereagh*, egli avrebbe allora, così in Italia come altrove, assestato sì fatto colpo alle regie colleganze, che sarebbe lor potuto sommamente putire. Ma lo scempiato uomo, il quale in que' tempi, così come i più de' suoi compatrioti, aveva il capogirlo napoleonico delle novelle regali schiatte, de' regni, delle signorie, de' titoli, delle multiplici pendevoli croci, degli screziati nastri, e di altre simiglianti vanitose bisogne, s' atteneva sì fiducialmente alle lusinghevoli promesse che artificiosamente eranglisi fatte, che tutto il mondo non avrebbegli tratto del capo ch' e' fosse così saldo nella partenopea seggia, come s'egli scendesse de' Paladini. Dime-

---

(5o) Come in Italia i generali austriaci, ed in Vienna l' indefesso *Osservatore* cominciassero allora a scagliarsi contro il *Murat*, che tentava di carpir de' loro artigli la ghiotta italica preda, se ne può avere un saggio nel tom. V dell' assegnata opera dello *Schoell*.

rando egli dunque in questa ingannevole fidanza, s' era lasciato fuggire il destro d' ag-
graffar pel ciuffetto, quando agevolissimamente egli ciò fare avrebbe potuto, quella
volubile diva *che una volta senza più si fa
altrui incontro col viso lieto, e col grembo
aperto*, siccome con auree, ed inimitabili parole disse il nostro messer Giovanni (51).

Come che ciò sia, una gran parte de' nostri
valorosi guerrieri, i quali eran meritissimamente dolenti dello strazio che già fatto a-
vea della nostra sventurata patria il congresso
di Vienna, si disposero a voler pugnare ardi-
tamente col *Murat*, per mostrare almeno al
mondo che, se imperiosamente e tirannica-
mente annodar volevasi l' Italia in istraniere
catene, non mettevan essi lor collo a giogo
senza alcuna contraddizione. E quantunque,
siccome dicemmo, tardi assai e al tutto fuor
di tempo avesse luogo così fatta impresa,
non pertanto meno sventurato fine che non
ebbe, e forse anche felice successo avria potuto quella avere, se il *Murat*, siccome straniere, a' prediletti suoi stranieri non avesse
commesso in parte il vettovagliare l'esercito.

(51) Decamerone, nov. 69.

2.   6

Perciocchè costoro, pe' loro usati maltolti, lasciarono affamare i miseri soldati; il che fu cagion principale della loro sconfitta (52).

(52) E tuttavia, per isvilupparsi del meritato biasimo, alcuni di cotesti valenti uomini, i quali agiatamente or vivono del frutto di quelle e di altre onorevoli cose da loro operate in Italia, non lasciano punto, ove il destro lor ne venga, d'infamar di codardia e di viltà, non meno i soldati napolitani, che tutti gli altri italici guerrieri che allor militarono nell' oste del *Murat* (a). Or buon per noi che coteste nefande arti sono si ben sapute e conosciute oggidi da per tutto, che uom non è per avventura il qual ne vada preso alle grida intorno a questo. E quanto è alle genti del regno di Napoli, le quali più che gli altri Italiani sono da costoro vergognosamente svillanegiate, io delle tante cose che allegar potrei in pruova del valor loro, non produrrò se non sola questa, la quale comechè parer debba quasi incredibile a chi non la sappia, è tuttavia verissima, e certissima. Or io voglio dire che, quando il general *Championnet* venne ad oste contra la città di Napoli per occuparla, sì virilmente al valore de' suoi soldati, ed all' impeto delle sue artiglierie per più di resisterono e contrastarono quegli uomini di cui sempre si parla con sommo spregio, cioè i Lazzaroni, ch' e' fece sentire a que' Napolitani i quali favoreggiavan

(a) Pruova di quello ch' io quì dico di questi ingiustissimi biasimi contro i guerrier nostri, è anche la nota 51 del Rag. II, vol. I, facc. 315, e segg.

Così dunque a' nostri dì, siccome altresì
sempre ne' preteriti tempi, furon menate le

l'impresa de' Francesi, che da quella si sarebbe egli
ritratto, se al perdurla ad effetto co' suoi soldati non
si fosser essi congiunti. Alla qual cosa fare avendo i
favoreggiator consentito, ebber finalmente i Francesi
di quella città la possessione. Assai aperto dimostra
questa valorosa opera de' Lazzaroni che pressochè tutti
gli uomini, laddove alcuna passione potentemente in-
fiammi gli animi loro, sono atti a divenire facitor di
stragi, distruggitor di terre, rubatori dello altrui,
ed in somma gloriosissimi guerrieri.

Ma lasciar di dire io però qui non debbo che, quando poscia (in adempimento della capitolazione che a'
10 di luglio 1799 per la dedizione del castel Sant'Elmo,
fu dal *Méjan* (b) pattovita co' duci inglesi, russi, ed
altri) doverono i Francesi tornarsene ne' paesi loro;
alcuni de' principali di que' favoreggiatori (i quali,
per potere di quindi ritrarsi, e fuggire i mali che ben
essi vedevano esser loro servati, s'eran vestito l'abito
militar de' Francesi) furon barbaramente sforzati dallo
stesso *Méjan* a spogliarlo, e da lui anche *lealissimamente* messi poi in mano de' soldati britanni; in conformità dell' articolo VI della capitolazione medesima,
il quale è questo : « Quando i bombardieri inglesi pi-
« glieran possessione della porta del forte, tutti i sud-

(b) Costui, quando il general *Macdonald* si partì di Napoli
con l'oste francese, la qual correva a contrastar le imprese
de' Russi, entrati già in Italia; fu da lui posto per capo de'
soldati francesi, rimasi alla guardia de' castelli di quella città.

cose nostre da' forestieri. Tentaron lor fortuna in Italia il *Beauharnais*, ed il *Murat*, e

« diti di sua maestà siciliana saran dáti prigioni a'
« collegati. » E fu questa condizion tanto più iniqua
e perfida cosa, quanto meno ciò consentir doveva un
guerrier francese il quale pochi dì dinanzi, cioè a'
22 del precedente giugno, aveva approvata e soscritta
la capitolazione del Castel Nuovo, e dell' altro dell'
Uovo, nella quale , in pro de' Napolitani da' quali
questi castelli eran presidiati, fu statuito negli arti-
coli IV, V, e VI ch' essi avrebbon salve, non meno le
proprietà , che le vite loro, e che oltracciò, se in patria rimanersi essi non volessero, sarebbe lor conceduto il potere rifuggirsi in Francia. E nell' articolo
VII di questa capitolazione stessa questi patti erano
estesi anche a' soldati napolitani già caduti in man de'
nimici. Come i collegati, o, per meglio dire, come
il barbaro *Nelson* attenesse questo primo patto noi già
il vedemmo troppo bene (c); e come si desse più campo al nobile livor di lui, per forza del secondo, ciascun sel può anche ben pensare. Fatto sta che que' miseri Napolitani che avevan di que' tempi favoreggiato
i Francesi, furono in gran parte, non meno per la
crudele dislealtà de' nimici, che per la iniquissima
perfidia degli amici, messi colà in prigione, e moltissimi di loro generosamente poi appiccati per la gola.
Nè menoma trasformazion del vero, non che menzogna alcuna, per certo è in quello ch' io qui dico del

(c) Rac. I, facc. 750 , e segg.

se felice evento non v' ebber le imprese loro, non poteron essi perdervi nulla di quello che

Méjan; perciocchè, in uno scritto stampato in Francia e ch' io ho (d), con parole assai più dure e più pugnenti che queste mie non sono, di lui parla il leale ed onorato cittadin *Bocquet,* ch' era uno de' guerrier francesi che di Napoli tornarono allora in Francia. E la verità di ciò ch' egli dice, è anche testificata a piè dell' opera da quattordici altri leali guerrieri suoi compatrioti, di colà anche tornati nelle francesi contrade. Amendue quelle capitolazioni fece anche stampar nel suo scritto il valororoso *Bocquet.* Egli, tra le altre cose, dice che il *Méjan* trattò e mercanteggiò tutto solo col *Nelson* per la capitolazione del Castel Sant' Elmo (e), e che perciò egli stesso andava anche da lui di nottetempo, per poter più maestrevolmente menare quella sua svergo-

(d) Il titolo dello scritto è questo: *Mémoire historique de tous les évènemens politiques et militaires qui ont eu lieu dans Naples, depuis le départ de l'armée française, jusqu'à l'époque de la reddition du fort Saint-Elme; par le citoyen Bocquet, lieutenant à la 27me demi-brigade d'infanterie légère.*

(e) Il valoroso capitan *Foote* non pattovì se non la prima capitolazione, la quale ebbe luogo pe' due altri castelli di Napoli. Il *Nelson,* quando co' suoi legni pervenne nel golfo di quella città, trovò ch' era già quel patto di dazione stato fermato pochi dì prima, ed in parte anche asseguito. Ma egli, che romper lo voleva, siccome poi fece, a rimuover da lui ogni cosa che a ciò fare esser gli potesse ostacolo, mandò che il *Foote* quindi si partisse col suo legno, siccome apertamente si può vedere nell' opera di quest' egregio capitano inglese (facc. 23, 27, 142, e 144), da noi allegata nel RAG. I , facc. 190 , annot. 89.

certamente non aveanvi recato. Patteggiò il primo l'arrendimento del suo capitanato,

gnata trama. E, annodato il patto, egli lo recò poi ad effetto con tanta lealtà, o piuttosto con tanta barbarie, che, secondochè ragiona il *Bosquet*, egli, quasi come un vorace avoltoio, ghermiva con le sue propie mani tra i soldati francesi que' Napolitani che, per poter di quindi fuggirsi, eransi travestiti, e con esso lor mescolati (*f*). Or fu mai nel mondo crudeltà più spietata che questa? E a queto poteronla vedere asseguire i soldati francesi? Ahi lasso me, ch' egli è ver troppo che niun vero bene è da sperare da estranie genti! Così al *Méjan* non fu poi torto pur un pelo in Francia per quella infame opera sua. Italiani, a questi e ad altri così fatti durissimi casi voi esser dovete apparecchiati, infinattantochè voi, non più tra voi discor-

(*f*) E pure questo medesimo *Méjan*, in una delle sue lettere addotte del *Foote* testè menzionato, così aveva scritto poco tempo prima ad esso capitano, per rispetto ad una quistione di cambio di prigionieri : *Je crois bon, monsieur, de vous répéter que les patriotes napolitains, avec lesquels nous sommes identifiés par les sentimens et les principes, nous intéressent trop pour recevoir, autrement qu'avec indignation, la proposition que vous me faites, de ne point les comprendre dans l'échange des prisonniers* (facc. 170 in fine). E un uom così parlante, avrebbe dovuto, diciotto dì appresso, fare quel ch' egli fece? Io per me non so che dirmene! Sol tanto io qui soggiugnerò ch' essendo in Francia più famiglie che han questo nome di *Méjan*, io per me non so dir punto quale sia veramente la producitrice del valentuomo operatore di quell' iniquità, il quale io non conosco affatto.

e, oltre che per questo ebbe egli agio di menar seco la doviziosissima messe che aveva raunata, gli furon concedute vaste e ricche possessioni nell' italico suolo (53). Non men prezioso bottino con seco addusse la famiglia dell' altro, la quale a bell' agio or lautamente di ciò si. gode in aliene terre (54). E molto gravi balzelli, oltre a tutto questo, pagar poi doverono alla soprassedente signoria i reggitori de' meridionali italici Stati, o

di, ma stretti in fratellevoli legami, siate bastevolmente forti da non dover potere esser più da' forestier dominati!

(53) Vedi, Rag. II, nota 51, facc. 315, e segg.

(54) In quella lettera del Macirone al *Murat*, da noi allegata nella precedente nota 43, questi diceva, *tutte* lui avere spese nel reame di Napoli *le richezze immense ch'egli aveavi recate.* Or sono queste delle usate soldatesche smargiasserie, che per certo, che che fosse la pecunia che il *Murat* avesse saputo rapinare nelle sue guerresche opere, le sue ricchezze esser non doveano *immense,* nè al doviziosissimo Stato di Napoli faceva mestieri di ricchezze sue. Ed io per me porto fermissima opinione che, se nettamente metter si potesse a ragguaglio ciò che il *Murat* recò in quel regno con quello che la sua famiglia ne portò via, non sarebbero a gran pezza le cose recate che darebbono il tracollo alla bilancia.

piuttosto i cittadini di quelle misere contrade; che nel vero poteronne ben que' primi, o i ministri loro avere annoverati i danari, ma i veri pagatori di que' soprappesi furono senza verun fallo i secondi (55).

Or che tutti i danni, le sciagure, le rovine, il servaggio, e l'avvilimento nostro procedesser nel nostro paese, e da moltissimi secoli in quà, dalla non discontinuata successione, e varietà delle dominazioni straniere; noi n'abbiamo per gli ultimi sventurati avvenimenti una novella, e ancor più dolorosa pruova, siccome quella che manifestamente ne ha mostrato, essersi or anche il governo inglese con altre genti congiurato di tenerci nell' umiliante stato in cui noi siamo (56). Per la qual cosa,

(55) Se non si errò nel ragguaglio che a me ne fu dato, di trenta o circa be' milioni di piastre, senza far conto delle altre cose, furon per questo *paternamente* imposte le popolazioni della meriggia Italia. E perciò, se fosser elle munte e premute infino al sangue, non è da domandare. Tuttavia ne' pubblici scritti d'Italia non se ne fece motto, o zitto veruno. Deh va dunque, aspettati ad aver le stampe non severamente imbrigliate in quel misero paese, se, fuori affatto del nazionale assentimento, ad esecuzione recar vi si vogliono opere così fatte!

(56) I presenti statisti della Gran Bretagna, sol tan-

se fuggir da noi si vuole la continuanza di cotante miserie; se tor via si dee la vituperosa appellazione che ci si dà, di *popolo fatto servo, e che degno non sia di aver nè nome, nè diritti*, secondochè con esortazione, non d' uomo d' origine straniera, ma di natìo, così come egli è della patria nostra, ci facea già sentire l'arciduca Giovanni d'Austria (57); ed in somma se uomini una volta noi tornar vogliamo, siccome erano i nostri antichissimi

to per appagare le lor private, ed oggimai ben conosciute voglie, debbono aver cooperato a spegnere il più ch' essi poterono ogni fiamma di libertà da per tutto, e massime in Italia; ma io per me non credo che quel loro appagamento abbia procacciato maggiori profitti, nè partorito più ampie, nè più cordiali amistà alla nazione loro. Or io ripeterò anche qui un' altra volta che del tutto altramente avrebber essi dovuto operare, se piuttosto che soddisfare alle lor proprie voglie, avesser voluto alla nazione loro affezionar le altre, e massime quelle alle quali, nelle oneste e libere cose, del sostegno britanno avesse fatto mestieri. Ma è forse vero quello che universalmente oggi si dice; cioè che, avendo que' sommi statisti la possessione del Buonaparte, e tenendo eglino per conseguente il luogo di lui, l'opera del deprimere il più che si possa la libertà nel mondo sia lor debitamente devoluta; e più ancora che quell' uficio par che lor sia oltremodo caro.

(57) FATTISPECIE, facc. 69.

maggiori, ed esser perciò daddovero Italiani,
degni di così fatto nome, ogni 'ndustria, ogni
studio, ed ogni poter nostro adoperar noi
dobbiamo per trarci della suggezione, e della
cattività forestiera nella quale noi siam ora
sì vilmente, e sì crudelmente tenuti.

E che quel che io qui dico, non pur non
sia in alcuna maniera da ripigliare, ma che
anzi da commendar sia sommamente, e come
cosa di naturale diritto, niuno il mi potrà
meritamente impugnare. E certa cosa è che
il *Vattel*, nella sua bellissima opera che ha
per titolo *Il diritto delle genti*, de' naturali
diritti degli uomini ragionando, sagacissimamente pone innanzi tratto ch' essi hanno
dalla natura una libertà, ed una independenza ch' e' perder non possono, se non per
consentimento loro (58); e poscia, che le nazioni così son tra loro naturalmente eguali,
come sono gli uomini gli uni verso gli altri,
perciocchè, essendo composte d'uomini liberi
ed insieme viventi nello stato di natura, esse

(58) « On prouve en *droit naturel* que tous les
« hommes tiennent de la nature une liberté et une
« indépendance, qu'ils ne peuvent perdre que par
« leur consentement. » *Le Droit des Gens*, *Prélim.*
§. 4.

han da quella gli obblighi, e i diritti medesimi. Quindi egli soggiugne : « La possanza
« non differenziasi punto dalla debolezza,
« per rispetto a questo : un nanerello così
« è uomo, come sia un gigante ; ed una pic-
« cola repubblica non è men sovrana, che il
« più possente de' reami. Per una necessaria
« sequela di questa egualità, ciò che ad una
« nazione è conceduto, concedesi a ciascun'
« altra, e ciò che conceduto non è all' una,
« non è nè eziandio all' altra (59). » E, dietro
a questa fondamental cosa, e' dice altrove :

(59) « Puisque les hommes sont naturellement égaux,
« et que leurs droits et leurs obligations sont les mê-
« mes, comme venant également de la nature, les na-
« tions composées d'hommes, et considérées comme
« autant de personnes libres qui vivent ensemble dans
« l'état de nature, sont naturellement égales et tien-
« nent de la nature les mêmes obligations et les mê-
« mes droits. La puissance ou la faiblesse ne produisent,
« à cet égard, aucune différence. Un nain est aussi
« bien un homme qu'un géant : une petite républi-
« que n'est pas moins un état souverain que le plus
« puissant royaume.

« Par une suite nécessaire de cette égalité, ce qui
« est permis à une nation, l'est aussi à toute autre,
« et ce qui n'est pas permis à l'une, ne l'est pas non
« plus à l'autre. » *Quivi*, §. 18, e 19.

« Egli è per una conseguenza manifesta della
« libertà, e dell' independenza delle nazioni
« ch' elle hanno diritto di reggersi come più
« è loro a grado, e che niuna ha il menomo
« diritto d'intramettersi nel reggimento d'un'
« altra. Di tutti i diritti che ad una nazione
« possano appartenersi, *la sovranità è senza*
« *alcun fallo il più prezioso*, e quello che
« le altre debbon lasciare illeso con la più
« scrupolosa osservanza, se ingiuria elle far
« non le vogliano (60). » E, a dilucidazione
e confermamento di queste incommutabili
dottrine, il dotto *Vattel* avea prima anche detto : « *Salus populi suprema lex*, la
« salvezza del popolo è la sovrana legge;
« ed è in questa legge un' accuratissima giu-
« stizia, stretto non essendosi il popolo ne'
« legami del consorzio umano, se non per

---

(60) « C'est une conséquence manisfeste de la liberté
« et de l'indépendance des nations, que toutes sont en
« droit de se gouverner comme elles le jugent à pro-
« pos, et qu'aucune n'a le moindre droit de se mêler du
« gouvernement d'un autre. De tous les droits que
« peuvent appartenir à une nation, la souveraineté est
« sans doute le plus précieux, et celui que les autres
« doivent respecter le plus scrupuleusement, si elles
« ne veulent pas lui faire injure. » *Quivi, l. II, c.*
4, §. 54.

« sua salvezza, e per suo maggior bene. Quel
« preteso diritto di proprietà che s' attribuisce
« a' principi, è una chimera, generata da quell'
« abuso del voler far leggi sopra le redità
« delle persone private. *Lo stato non è, nè*
« *esser può un patrimonio, perciocchè il pa-*
« *trimonio è fatto sol tanto per utilità del*
« *padrone, laddove il principe non è statuito,*
« *se non per utilità dello Stato.* Di che evi-
« dente è questa conseguenza : se la nazion
« vede apertamente che l' erede del suo prin-
« cipe altro per lei non sarebbe, che un so-
« vrano pernizioso, ella può escluderlo.

« Gli autori (*segue il Vattel*) che noi ri-
« battiamo consenton questo diritto al prin-
« cipe assoluto, mentrech' essi il negano alla
« nazione. Ed è ch' egli reputano questo prin-
« cipe per vero *proprietario* dell' imperio, e
« non voglion consentire che la cura della lor
« propria salvezza, il diritto di governar se
« stessi, essenzialmente appartengasi sempre
« al comun degli uomini, quantunque abbian
« essi queste cose affidate, *e anche senza ri-*
« *servazione espressa*, a un monarca, e a'
« suoi eredi. Secondo questi autori, il reame
« così è l' eredità del principe, come sieno i
« campi, e le greggie degli armenti suoi. Mas-

« sima ingiuriosa all' umanità , e che non
« avrebbe osato far mostra di se in un secolo
« alluminato, se assai sovente non le faces-
« sero spalla più forti puntelli che quei della
« ragione , e della giustizia (61). »

(61) « *Salus populi suprema lex* , le salut du peu-
« ple est la loi suprême; et cette loi est de la plus
« exacte justice, le peuple ne s'étant lié par les nœuds
« de la société , qu'en vue de son salut et de son plus
« grand avantage.

« Ce prétendu droit de propriété, qu'on attribue aux
« princes , est une chimère enfantée par un abus que
« l'on voudrait faire des lois sur les héritages des par-
« ticuliers. L'État n'est, ni ne peut être un patrimoi-
« ne ; puisque le patrimoine n'est fait que pour le bien
« du maître, au lieu que le prince n'est établi que pour
« le bien de l'État. La conséquence est évidente : si la
« nation voit certainement que l'héritier de son prince
« ne serait pour elle qu'un souverain pernicieux, elle
« peut l'exclure.

« Les auteurs que nous combattons accordent ce
« droit au prince despotique, tandis qu'ils le refusent
« aux nations. C'est qu'ils considèrent ce prince com-
« me un vrai *propriétaire* de l'empire, et ne veulent
« pas reconnaître que le soin de son propre salut, le
« droit de se gouverner, appartient toujours essentiel-
« lement à la société, quoiqu'elle l'est confié, même
« sans réserve expresse, à un monarque et à ses hé-
« ritiers. A leurs yeux le royaume est l'héritage du

Or così intorno a ciò ragiona il *Vattel*, la cui autorità di quanto peso sia in così fatte cose sel sanno troppo bene tutti gli statisti europei. E, per rispetto all' Italia, quanto queste vere e ragionate dottrine s'avvalorino, nella considerazione delle stranezze che miseramente or la deturpano; tutti quegli uomini bene il conoscono pe' quali, ciò che fruttuosamente fondamenta il viver civile, è, siccome esser dee, il supremo de' beni, tra i tanti mali di questa misera nostra terra.

Dietro a tutto questo, tornando in chiave, io dunque chiederò : sonci egli cose che con più ardente desiderio voler debbano gli uomini, che quelle le quali per naturale irrepugnabile diritto, e per evidentissima ragione lor s'appartengano; cioè l' independenza, e la libertà, e per conseguente la sovranità, e la felicità della patria loro? No, francamente risponder dee ciascuno che, o stolto, o guasto, o prezzolato uomo non sia. Ora aspettar puossi da dominatori stranieri, che nè

« prince, comme son champ et ses troupeaux. Maxime
« injurieuse à l'humanité, et qui n'eût osé se produire
« dans un siècle éclairé, si elle ne portait sur des ap-
« puis trop souvent plus forts que la raison et la jus-
« tice. » *Quivi, l. I, c. 5, §. 61.*

stanziati in Italia non sono, nè immedesi-
mati con la nazione nostra, e che anzi mu-
gnere e spolpar la debbono per iscemar con
l' italico sangue il grave sconcio delle genti
loro; aspettar puossi, io dico, che da lor ci
si dia questa independenza, e questa libertà
tanto sospirate, le quali essi ben sanno che
surgerebbon tosto in servigio di noi, alla
difesa ed al riparo de' conculcati nostri diritti? Alcun per certo non sarà sì dissennato
da dover credere che mai da loro ciò conceder
ne si debba. Niuna dunque nè riprension, nè
taccia cader può con ragione in affermare,
siccome dinanzi io feci in pro de' miei venerati Compatrioti, che ogni loro industria, e
studio, e potere adoperare da lor si debba,
perchè (a poter conseguire sì grandi beni)
daddosso egli si tolgano il giogo de' forestieri,
il qual di tutti i politici mali è certissimamente
il più nocivo, il più duro, ed il più vitupe-
roso. Nè ignorar posson questo gli Austriaci
stessi, poichè (come è per noi già detto altrove (62)) per alquanto spazio a questi anni
passati durarono anch' eglino in parte sì fatto
giogo. Che creder non vorrei io già ch' essi

(62) Rac. I, facc. 214.

presumessero, dovere altre genti, in servigio
di loro, sofferir pazientemente quella servitù
che durissima, e con ragione, essi trovarono;
fuor solamente che non si mostri (il che però
giammai mostrar potrassi), loro essere or
divenuti, quasi come per miracolo, una sì
precellente generazione d' uomini, che sia
sol tanto fatta a reggere, e dominar le altre.

Ma quì forse alcuni valorosi Italiani (ne'
cui petti, non men che faccia nel mio, arde
chiarissima la fiamma dall' amor patrio) assai
convenevolmente mi diranno : « Pari del tutto
« al tuo è ne' nostri cuori il desiderio di trar
« la misera patria della lunga, ed oppressan-
« tissima cattività de' forestieri; ma il perdur
« l' opera ad effetto è impresa piena di ma-
« lagevolezza, di fortunose vicende, e di
« gravi pericoli. Sospettosi, ed oculatissimi,
« secondochè ciascun sa, sono i nostri avi-
« dissimi dominatori, siccome quelli che co-
« noscendo ad una ora ed il pregio sommo
« della preda, e la violenza dell' usurpazione,
« con istudiosa sollecitudine serbar se ne
« sanno la possessione. Menati oltracciò già
« furono in estranie terre i più de' nostri
« guerrieri, e vigilantemente si ha l' occhio
« addosso a tutti quegli a' quali fu conceduto

2.   7

« il rimanersi in patria. Nè creder possiamo
« che incitar noi si voglia a levar fiamma di
« sedizione, che veramente troppo gravi e
« troppo luttuose furon le ultime sciagure
« della patria nostra, da dovere poter noi
« tentare altre rischievoli imprese, le quali
« metter quella in fondo al tutto potrebbo-
« no, per nuove, ed eziandio più calamitose
« vicende ».

Con l' usata lealtà a franchezza mia rispondendo, io dunque dico. L'usurpare una nazione la sovranità, e i diritti d' un' altra, che
sia affatto pacifica e non nociva, oltre all'
esser violenza simile a quella dell' usurpar
che facesse una famiglia privata le sustanze
e i diritti d' un' altra, è altresì tanto più bia-
simevole usurpazione, quanto assai più col-
pevole cosa è l'offendere, e 'l fraudare infinite persone, che poche. Or, se in servigio
della famiglia offesa e fraudata, non solamente surgerebbe tutto il potere delle leggi
divine ed umane, ma, per naturale diritto,
qualor ne le venisse il destro, valer potrebbesi quella del proprio suo potere per ripul-
sar la forza con la forza (63); niun potrà

(63) *Il Vattel, nel suo* Diritto delle genti, *l. III, c. 1.*
§. 3. *così dice sopra questo:* « La nature donne aux

meritamente impugnare che quello che per privato bene si può far con ragione, per utilità pubblica con assai maggior ragione anche farsi non po'ssa. Manifesta cosa è dunque che, laddove le italiche genti ritor potessero l'usurpata lor sovranità, e trarsi del giogo de' forestieri, quale che fosse la via di cui elleno si valessero per venire a questo effetto; non pur nè rea, nè riprendevol cosa esse non farebbono, nè nel cospetto d' Iddio, nè in quello degli uomini, anzi merito, non che commendazione somma, ne conseguirebbon elle nella impermutabile divina giustizia dell' Uno, e nell' umano diritto giudizio degli altri.

E qui molto acconciamente mi gioverà l' invocar di nuovo que' medesimi sacri principj che da tre de' principali rettori europei furon sì ferventemente banditi in quel mistico lor patto del qual per più riprese mi cadde per mano di dover favellare, e di cui il primo articolo è questo : « In conformità delle pa-

« hommes le droit d'user de force, quand cela est né-
« cessaire, pour leur défense et pour la conservation
« de leurs droits. *Ce principe est généralement re-
« connu;* la raison le démontre, et la nature elle même
« l'a gravé dans le cœur de l'homme. »

« role delle divine scritture, dove gli uomini
« sono ordinati di tenersi per fratelli, i tre
« monarchi contraenti rimarranno uniti co' le-
« gami di vera ed indissolubile fratellanza, e,
« procedendo da compatrioti, egli si porge-
« ranno, in ogni opportunità e in ogni ca-
« so, assistenza, aiuto, e soccorso; tenen-
« dosi verso i sudditi e gli eserciti loro per
« padri di famiglia, essi li guideranno in
« quello stesso spirito di fratellanza da cui
« sono eglino mossi, per sostener la reli-
« gione, la pace, e la giustizia (64) ».

Or, se per le divine scritture sono ordinati gli uomini di tenersi per fratelli, è egli
forse fratellevol cosa l'usurpar gli uni la sovranità, i diritti, e le proprietà degli altri?
E se i monarchi hanno se stessi per padri di
famiglia de' sudditi e degli eserciti loro, è egli
altresì paternal cosa che agli uni sia violentemente tolta la propria lor famiglia, per
satollare le ingorde voglie degli altri, che
(senza alcun vero general bene, anzi con
danno gravissimo dell' universalità delle altre famiglie) aver la voglion triplice, qua-
drupla, decupla, centupla? Che, verbigra-
zia, i Lucchesi, i Liguri, i Veneti, in luogo

(64) FATTISPECIE, facc. 9.

d' esser figliuoli naturali di natii padri, siccome essi erano ed esser volevano, sien per
forza divenuti adottivi, ed in parte eziandio
di padri stranieri? E dir potrassi poscia in
pien popolo, e senza nè arrossarne tampoco,
tutto ciò essere stato operato *per sostener la
religione, la' pace, e la giustizia?* E non
avrassi anzi la più chiara e manifesta pruova
che alcune grandi nazioni, sotto questi ap-
parenti titoli, esser vogliono imperiosamente
le assolute dominatrici delle meno possenti?
Ahi vitupero del guasto mondo! sono dunque le mondane cose a tale oggidì venute, ch'
eziandio presumano i reggitor d' Europa, che
non pur si possa, per via di sì fatte opere,
sostener la giustizia e la religione, ma fare
eziandio tra noi fiorire l' ulivo della pace? Deh
tolga via il cielo che abbian mai a cader le
genti in tanto di stoltezza, e di corruttela,
che dieno elle fede a cotali fallacie! E, quanto
è a me, io fermamente credo, dovere esser
sempre ne' più degl' inciviliti uomini tanto
sentimento di rettitudine, che così come eglino estimeranno che, nè la giustizia, nè la religione aver non possano migliori sostegni,
che le opere le quali sono veramente giuste,
e debitamente religiose; così non abbia più

saldo schermo per una diuturna pace, che
le pacifiche cose. Or nel numero di queste è
principalmente da annoverare il non rigran-
dire i più grandi Stati; il far più forti, ove
l' utilità comune il richiegga, i meno possenti con avvenevoli, e non discordanti ag-
giunzioni; ed il non suggettare alcun popolo
a forestiera disaggradevole dominazione, 'e
massime laddove ciò abbia luogo trasandan-
do, e mettendo sozzopra tutto, siccome di
viva forza volle pur fare in Italia il venerando
congresso di Vienna. Nel quale, non avendo
avuto la nazione nostra alcuno Italiano che
degnamente ed efficacemente la rappresen-
tasse, e guarentir facesse i suoi inaliena-
bili diritti, a niun' altra cosa par che si at-
tendesse, se non che a torci ogni 'ndepen-
denza ed ogni libertà, a distruggere le nostre
repubbliche, ad impoverirci, ad abbiettarci,
ed in somma ad inacerbire gli animi nostri
con imperiosamente sottometterci tutti (rettori, e sudditi) ad una straniera suggezione.

Ancorachè dunque uno de' più dotti, de'
più savi, e de' più virtuosi uomini dell' antichità, cioè Marco Tullio affermasse, siccome fu mostrato (65), la morte esser da

(65) Rag. II, facc. 262, nota 17, e 18.

preporre al servaggio (e quello al quale egli
alludeva era di questo nostro assai men duro,
e meno vile, perchè alla fin fine non era straniero); io non perciò intendo, onorevoli
miei Compatrioti, di sconsigliatamente inci-
tarvi ad imprender cose che, quantunque
giustissime, a totale esterminio recar forse
potrebbono la misera nostra patria. Che per
certo in cosa di sì gran momento, e tutta
piena di gravissimi pericoli, solo il dubbio
è sufficente cagione di volgere in contrario
eziandio le menti de' più arditi uomini. Chiaro
è dunque ch' io, secondochè io debbo, pro-
cedo in questo rattenuto e rispettivo, sie-
come quegli che dolente a morte veramente
sarei che in più strema fortuna venisser le
cose del paese nostro.

Ma quì altri più animosi miei Compatrioti,
mossi da diverso consiglio, a me pare che ferventemente sclamino: « Disperato è dunque
« al tutto il caso nostro? Patria più non sarà
« oggimai degli uomini d'Italia la lor natia
« terra, loro più non dovendo essere il do-
« minio di quella? E la *ferrea corona* che a
« memoria sempre ci riduce tutte le orribili
« cose già operate nelle nostre amenissime
« contrade da tante barbare genti, che fur già

« le distruggitrici d' ogni grandezza, d' ogni
« splendore, e d'ogni felicità italica; la *fer-*
« *rea corona*, della quale ornar volle anche
« il capo suo lo sbandito tiranno, per mo-
« strare agli altri dominatori, lui esser ad una
« ora d'ogni libertà il disfacitore, e l'uom per-
« fido che le vie lastricava al restauramento
« del servaggio, e dell'abbiezione; la *ferrea*
« *corona* in somma, di cui solo il nome fa
« ritremire ogn' italico petto, aggraverà giù
« sempre al fondo la dolente, le sventurata
« nostra Italia (66)? »

Non ambigua, nè dubbiosa, ma franca, e
ferma, anche a questa novella domanda, sarà
senza fallo la risposta mia. Ma avantichè io
stesso innanzi proceda al rispondere, deh
piaccia, non meno a questi animosi uomini
così parlanti, che agli altri tutti Italiani, a-
scoltare ciò che diceva uno de'nostri Compa-

---

(66) Non fa luogo ch' io m' estenda a dir molte cose
per provare come è una vera favola quello che, nella
sua storia di Milano, scrisse il Ripamonti della vene-
rabilità di questa corona. Il nostro dottissimo Muratori
ciò mostrò apertissimamente; e non pure in un' operetta ch' egli scrisse sopra questo a bella posta, ma
per più riprese ne' suoi *Annali d' Italia,* cioè ne' par-
timenti degli anni 844, 888, 961, 996, e 1530.

trioti di Toscana, il qual viveva nel principio del XVI secolo, cioè quando, pressochè tutta Europa essendo ancor rugginosa e barbara e schiava, in quella bellissima e gentilissima contrada avean singular pregio le libere cose. Egli è messer Varchi, scrittore a cui oggidì niuno scrittor toscano potrebbesi por pari, il qual ci servò questa sensatissima, e bella diceria, che al presente viene troppo in concio a' fatti nostri. E fu quel valentuomo di Niccolò Capponi che la fece a' Fiorentini, essendo egli stato eletto a gonfalonier di giustizia, dopo la cacciata de' Medici di Firenze, seguita, come anche il Varchi dice, *alli diciassette giorni del mese di maggio nell' anno* 1527. I quali Medici (dicasi qui come per passo) statuiti poi forzatamente a rettori di Firenze da straniero prepotente dominatore (67), se furono uomini di gran fama, e grandi promotori nelle scienze, nelle lettere, e nelle arti, io per me credo che, spegnendo ogni fiamma di libertà in Toscana, togliesser via così ancor l' effetto

(67) Vedi con che stomaco sopra ciò favelli il preallegato nostro Muratori negli stessi suoi *Annali*, an. 1530. Se i Fiorentini, e i loro storici ne facesser querimonie, non è da domandare.

della propagazion di quella in tutta Italia, la
qual miseramente porta oggidì le pene del suo
esser rimasa serva (68). Ma, senza dirne più,
venghiamo alla bella aringa del sentito e ragionato gonfalonier Capponi, la quale è questa.

« Dico dunque, nobilissimi e prestantis-
« simi cittadini, che, come i corpi nostri,
« così gli Stati possono, anzi sogliono infer-
« mare, ed, infermati, la lor vita termi-
« nare in due modi, cioè, o per cagione

(68) E, quanto è a me, mai alcun d'essi Medici non
mi cade nell'animo, nè alcun di loro io odo nominare,
nè in alcuna scrittura il lor nome corremi agli occhi,
che ad una ora nella mia mente le rammemorazion
non si desti di quel valorosissimo Filippo Strozzi, chiamato l'ultimo degl'Italiani, così com'e da Cremuzio
Cordo era chiamato Cassio l'ultimo de' Romani. Della
fermezza, del valore, e della risolutezza di quell'insigne nostro compatriota io non dirò altro, se non che
egli, preso a Monte Murlo e messo nelle unghie de'
Medici, temendo non gli si facesse talmente forza co'
tormenti, ch'e' fosse costretto a palesare i suoi complici; intrepidamente si diè la morte, e diellasi con
quello stesso ferro di cui erasi egli valuto per iscol-
pire in una delle pareti della sua carcere (e senza fallo
per una salutifera ricordanza ch'e' lasciar volle a tutti
gl'Italiani) quel celebratissimo verso di Virgilio:

Exoriare aliquis nostris ex ossibus ultor.

« estrinseca , o per cagione intrinseca : la
« cagione intrinseca è ne' corpi la distempe-
« ranza degli umori, e negli Stati la discordia
« de' cittadini ; e la cagione estrinseca è negli
« uni e gli altri quella forza e violenza la qua-
« le, o con ferro , o con altre nocevoli cose
« può esser loro fatta di fuori. Ora che questa
« repubblica sia inferma , ed abbia fuori chi
« cerchi d' offenderla, non può alcun di noi
« dubitare. Dee bene ciascuno di noi, nobi-
« lissimi e prestantissimi cittadini, e massima-
« mente coloro che sono magistrati, come
« medici più vicini , e più obbligati all' in-
« fermo, fare ogni cosa per rimediare all' un
« male, e all' altro ; il che si può agevolis-
« simamente in un tempo medesimo, chi ben
« considera, e con un rimedio solo conse-
« guire , e questo è la concordia sola. Sola
« la concordia avemo, nobilissimi e prestan-
« tissimi cittadini, agevolissimo , ed unico
« rimedio ad amenduni questi così gravi
« morbi, e così pericolosi ; conciosiachè men-
« tre staremo d'accordo tra noi, e avremo
« un fine medesimo tutti quanti, poco, anzi
« nulla ci potranno nuocere , o le magagne
« di dentro, o le violenze di fuori : ma se sa-
« remo discordanti, e ciascuno penserà più al

« proprio e particolare, che al comune e
« pubblico bene, la libertà nostra è spacciata.
« Come egli non si trova cosa nessuna, nè
« sì grande, nè tanto gagliarda, la quale la
« discordia non diminuisca, e annulli; così
« nessuna se ne trova, nè tanto piccola, nè
« sì debile, la quale la concordia non ac-
« cresca, e conservi. Tutte le cose che sono,
« e che possono essere nell' universo, tutte
« sono tra loro, o contrarie, o dissimiglianti,
« e nondimeno la concordia tenendole colle-
« gate ed unite insieme, fa di loro quasi in-
« finite, parte generabili e corruttibili, e
« parte ingenerabili e incorruttibili, un ma-
« raviglioso e indissolubile vincolo, un com-
« posto il più bello, ed il più perfetto, non
« dico che sia, ma che possa essere. Vole-
« te voi, onoratissimi ed onorandissimi cit-
« tadini miei, essere liberi? Siate concordi.
« Desiderate voi che questa repubblica vo-
« stra viva lungo tempo, e felice? Vivete uni-
« ti. Avete voi caro di vincere i nimici vo-
« stri, o che i nimici vostri non vincano voi?
« Vincete voi medesimi, ponete giù le ire,
« lasciate ire gli sdegni, mettete da parte i
« rancori. Se bramate che gli avversarj vostri
« non abbiano, se non cagione, occasione

« d' opprimervi, sdimentichinsi da voi con
« antico esempio degli Ateniesi, ma con
« maggior osservanza che altra volta non si
« fece in questa città, tutte le ingiurie; fac-
« ciasi conto che delle cose passate non ne
« sia stata nessuna, accomunisi finalmente
« quello ch' è d' ognuno a ciascheduno. Alle
« quali cose fare, io, nobilissimi e prestan-
« tissimi cittadini, e vi conforto con tutta
« quella maggioranza, e autorità che voi me-
« desimi conceduto m' avete, e vi prego per
« quell' ardore, e carità che deono tutti in-
« sieme, e ciascheduno da per se i buoni cit-
« tadini alle patrie loro. E se a me, nel
« quale voi avete mostrato di confidar tanto,
« alcuna cosa credete, credetemi questa; che
« tanto tempo manterremo liberà questa cit-
« tà, e non punto più, quanto e dalle forze, e
« dalle insidie di colui il quale la libertà no-
« stra violentemente usurpato, e occupato ci
« aveva, la saperremo guardare, e difende-
« re; la qual cosa, come fia di molta virtù,
« così non sarà di poca fortuna (69).

Questa maravigliosa diceria, che, quasi
come per soprumano intendimento, assai più

(69) Il Varchi, Stor. Fior., lib. III.

pe' tempi e per lo stato presente nostro, che
per le cose toscane del XVI secolo par che
tessesse il valorosissimo gonfalonier Capponi,
dee esser dunque l' angular pietra fermissima, ed il principal fondamento (se vogliam
noi una volta tornare in buon senno) delle
ulteriori opere nostre. Da noi perciò rimosse
le aversioni, le antipatie, le gare, le discordie,
gli odj, gli sdegni, e le altre dannosissime
cose, per cui nel paese nostro sconsiderata-
mente una gente alienasi dall' altra; il primo
nostro intendimento, secondochè sagacissimamente il Capponi ci consiglia, sia la concordia, l' unità, e la fratellanza. Da questo volgasì
poscia ogni pensiero, ed ogni studio nostro
al non volere aver nella nostra Italia, se non
che Collegati Stati, e tra lor retti con quella
uniformità che si potrà maggiore; dovendo
noi aver per fermo (nè sarem per certo ingannati così pensando) che questa fratellevc-
le colleganza sia quella sola cosa che, renden-
doci atti a guarentire, e sostenere i patrii e naturali nostri diritti, trar ne dovrà alla per fine
(nè, così altresì pensando, noi sarem tampoco
ingannati) della servile e ontosa condizione alla qual noi fummo violentemente suggettati, e
per cui troppo ben ne si conviene l' appel-

lazione di *popolo fatto servo, e che degno non sia d' aver nè nome, nè diritti* (70), siccome meritamente altra volta diceva l'arciduca Giovanni d'Austria, e con più ragione dir dovrebb' egli anche oggi, se l'utile famigliare da ciò far nol togliesse.

Nè creder vogliate già, cari Compatrioti, che, se al presente (per trarci del miserissimo stato nel qual recocci l'avarizia, e la smodata ambizione d'aliene genti) il procedere a sediziose opere sarebbe troppo rischievol cosa, e da non doversi (siccome io dissi, e ripeto) in alcun modo tentare; sia perciò il volere ciò che ne si conviene (quando però procedasi con fermezza, constanza, e concordia) cosa di piccol momento, inefficace, e da non farne conto veruno. Or così non è certissimamente. E voglio in dire che, laddove in una nazione sufficientemente popolosa, così come senza fallo è la nostra, una salda e concorde volontà si manifesti, e spezialmente ne' più savj ed alluminati cittadini, di conseguire alcuna giusta cosa, siccome certissimamente è quella a cui noi ardentemente sospiriamo; non è, nè intendimento, nè po-

(70) FATTISPECIE, facc. 69.

tere umàno (ove tuttavia quella nazione quasi al tutto non si spenga) il qual sia da tanto, che lei da ciò ritragga, e faccia l'impresa venir meno. Siate dunque (io svisceratamente il vi ripeto, amati miei Comparioti) sempremai fermi, e saldamente perseveranti in questo diritto sentimento, e in questo volere, e tutte quelle cose prudentemente adoperate che acconce esser potranno a perdur l'opera al desiato fine. E primierissimamente, innanzi che mostrarvi gioiosi e ridenti a' novelli vostri dominatori, fate sì ch' essi aperto conoscano, per la severa rigidezza del viso e per la torvità degli occhi vostri, quanto voi mal duriate l'asperità, e l'onta della suggezione forestiera.

E voi altresì, dilettose italiche Donne, che del bene, della gloria, e dell' onor patrio sempre foste sì zelose difenditrici, non intiepidite, nè istancate punto nell' incitare e stimolar gli sposi, i genitori, i congiunti, gli amici, e gli amanti vostri, perchè voglian essi (poste giù le gare, e le aversioni, e in amor messa la concordia, e l' unione) conseguire il bene dell' Italica Colleganza; e, traendosi dell' aliena dependenza, divenir finalmente veri Italiani, cioè uomini non indegni, nè di voi, nè di

questo egregio nome. Senzachè io rendomi
del tutto sicuro che, quanto per voi si possa
il più, e senza che altramente io il vi consigli, voi non solamente sempre sarete av-
verse, siccome in generale voi sempre foste,
a strani occupatori del nostro paese, e d'una
vera libertà civile abborritori, e smugnitori
delle sostanze nostre; ma nimiche, e scon-
figgitrici anche più, e con più ragione, voi
vi mostrerete di que' pochissimi nostri che, o
per util privato sono non curanti delle comuni sciagure, e del patrio onore; o che per
prezzo soglion esser sol tanto fidi a' forestieri, e senza alcun rossore, e rimordimento
disservono la patria loro; o che per altro non
s' attengono alla dominazione straniera, se
non perchè credonla essi proteggitrice delle
loro boriose chimere.

Ma avere infino a quì favellato alle valo-
rossime Donne d'Italia io voglio che mi basti,
perciocchè forse assai men che gli uomini elle
han mestieri di conforto, o d'incitamento,
nell' opera dell' italica liberanza, la qual certissimamente sarà oltremodo fruttifera per
tutte le nostre popolazioni. E perciò, di bel
nuovo agli uomini rivolgendomi, io dico.
Che voi, Italiani dilettissimi, non solamente

2.   8

rigidi e giustamente sdegnati mostrar vi dovete a' vostri dominatori, siccome dinanzi io
diceva; ma con franchezza, e fermezza far dovete anche sentire agl' italici reggitor vostri,
che indegni essi sono dell' uficio lor commesso, se apertamente, o tacitamente con esso voi
e' non danno mano all' asseguimento dell' italici colleganza, nella quale, siccome in primaria
e fondamental cosa, tutta è posta la speranza
del nostro diliberamento, e del dovere poter
vivere sotto costituite, e libere leggi. Quasi
alcuno oggimai non ignora che i governi, e
i governanti sono istituiti pe' popoli, e non
questi per quelli (71). Or que' governi che con
ogni studio non intendono a mettere in atto
tutto ciò ch' esser può necessario e profittevole alle genti che di reggere fu lor commesso,
son da reputare come alberi non producenti
frutto, a' quali perciò niente è meglio inve-
stito che l' uficio della scure.

Strettissimo or dovere è dunque di operare
in questo con la nazione, e più ancora che

_____

(71) *Nel suo* Diritto delle genti, *non istà miga so-
speso intorno a questo il* Vattel, *posciachè egli dice:*
« Le gouvernement n'est établi que pour la nation,
« en vue de son salut et de son bonheur. » *L. I, c.*
3, §. 31.

dalla salvezza di lei non è la loro stessa in alcun atto disgiunta. E, senza nè eziandio stare a far presupposti d' imprendimenti, o violenza straniera, ben potrebbe quando che sia intervenir quello ch' io già dissi nel RAG. II (72), e che ripeterò brievemente anche quì, perciocchè il ripeter talvolta alcune cose è, anzichè disutile, utilissima cosa. Or io dico che, se gli stranieri dominatori divenendo alla per fine più temperati, non facessero cuor sì duro in sull' opera del viver civile, e non isdegnasser la bellissima italica stanza, potrebbon troppo bene le genti d' Italia procacciare lor salvezza per altra via, e lasciare nelle lor durezze, e nel danno, non meno i reggitori italici, che alcuni stolti lor consiglieri.

Ma quì si dirà senza dubbio che nel sesto articolo del patto di Parigi del 1814 si legge : *L'Italia, oltre ai termini delle terre che aver dovrà l' Austria, sarà composta di Stati sovrani.* Or chi l' impugna? Ma fatto sta che i patti nelle politiche cose, laddove una debita forza non gli avvalori e gli rassodi, son come i ragnatelli che eziandio un venti-

(72) Facc. 292, e segg.

cello, un' aura leggerissima squarcia, e riduce a nulla. E per altra parte esser possono forse sovrani gli Stati d'un paese, quando tra lor s'intrometta e surga repentemente la smisurata possanza d'un grande Stato forestiero, il quale anche con gagliardi presidj tenga saldo piede e nelle fortezze, e nelle terre degli altri Stati? Coteste son cose da contarle a vegghia a' bamboli, e non da metter consideratamente in un solenne patto, per voler (del nostro tempo, e dietro a tutte le morali e sante cose che politicamente si operarono) fare altrui veduto che alcune sbandate, e spennacchiate cornacchie possano star sode in sulla frasca, non che rizzar le creste e far le calcitranti, allato al poderoso, e famelico uccel di Giove. E già dal primo saggio ch' ebber la tapine della sua valentìa nell' arte del bezzicare, puossi ben far ragione del come debban elle esser mal conce nel tempo avvenire! In somma non è punto possibil cosa che sien *sovrani*, cioè che abbiano independenza gl' Italici Stati, nella trepidante condizione in cui li mise il congresso, o piuttosto il semenzaio di guerre artificiato in Vienna, per satollare l' ingorda ambizione di alcuni grandissimi Stati.

Ben fa pruova d' ogni sua possibilità, nel
congregare un bello esercito il veramente
italico rettor subalpino, e par ch'egli, affidato
nell' usato valore delle sue bellicose genti,
mettasi già in concio di sostener l'assalto, se
l'oste forestiera oltrepassar mai volesse i posti termini. L'opera è per certo commen-
devole molto, ma, perciocchè gli stranieri
dominatori, che sono numerosissimi, occu-
pano già possentemente il cuore, e la maggior parte del nostro paese, io temo forte
non senza frutto si metta a far testa contra loro sol tanto uno de' nostri Stati. Oltre di che
a me pare che sia troppo dura cosa lasciare
imporre a solo quello Stato così fatto carico.
Che nel vero, se comune esser dee della
pátria impresa il profitto, comune altresì fa
luogo che ne sia l'opera, e la spesa; e maggiormente che, recata quella ad effetto con
lo sforzo de' più, molto più agevole, e più
sicuro ne saria l'adempimento. E con questo
non vorrebbonsi, nel dar la pinta, dimenticare le libere cose, che valgono, per sola
virtù loro, un' oste poderosa.

Del resto se i rettor d' Italia, e i lor savj
consiglieri, stando pur fermi negli antichi
lor pensamenti, perseverar vogliono nel non

voler credere che, *mutati i tempi, sien da mutare i modi;* io. francamente dirò tal sia di loro. Ma doler giustamente e' poi non si potranno degl' Italiani, se questi, dimorando essi sempre in sulla loro malconsigliata durezza, di grado accettaser dagli stranieri (siccome io ridissi, e ridico) quel bene che troppo malavvedutamente è da lor rifiutato, e che quelli, venuti in miglior consiglio, profferir potrebbono liberalmente, e senza troppa deliberazione, ed indugio. E, come che questo sia, aver sopra ciò infino a quì ragionato, io intendo che sia assai, perciocchè non vorrei io già che si avesse a credere, che mi reputassi io sì presuntuoso e da tanto, di dover potere ammaestrare i reggitor d' Italia, e i lor profondissimi consiglieri. Oltre di che egli è da por mente che, non già per esso loro, ma pe' diciotto in venti be' milioni di miei Compatrioti io sto tessendo queste cose, a petto a' quali son da tenere per troppo lieve cosa e gli agi, e le splendidezze d' un venti a trenta italici statisti, ed altresì d'un cinque a sei famiglie regnanti in Italia, le quali eziandio (salvo il sommo Pontefice, che meritamente ora è sempre natìo nostro, ed il re subalpino) sono tutte di recente origine straniera (73).

A voi dunque di nuovo rivolgendomi, amati miei Compatrioti, io torno a ripeter sempre che fermi, e perseveranti esser voi dovete nel pensiero, e nel volere d'esser tutti si collagati, e concordanti, e uniti, che quasi del tutto sien tra voi messi in obblio i nomi di Genovese, di Lombardo, di Napolitano, di Piemontese, Romano, Toscano, Veneto, e così fattamente. Il vostro nome glorioso, il nome che sarà per voi profittevolissimo, il vostro vero ed unico nome, quello è, ed esser dee d'*Italiani*. Tutti gli altri, se noi intendiamo sanamente, sono nomi da fuggire, avve-

---

(73) E so ben io ancora che, così ragionando qui ed altrove in quest'opera mia, io non accatto benivolenza, o favore, o guiderdoni, nè da' reggitori, nè dagl'italici statisti. Ma io non posso altro, volendo fornire il mio dovere. Quando io tolsi a difendere la mia patria e i miei compatrioti, essendo io sol tanto mosso da patrio amore, e non indettato da persona, tututto quello io di dir mi proposi che atto mi paresse a conseguir l'attento mio. Se alle supreme benivolenze, a' favori, e a' guiderdoni io avessi avuto l'occhio, quest'opera non avrei certamente tessuta, e anzi tutte contrarie cose io scritto avrei.

gnachè ciascun di quelli sia pure in se medesimo ed onorevole, e glorioso molto (74).

(74) Italiani, specchiatevi per questo ne' Francesi.
Anche nel paese loro son Provenzali, Gasconi, Baschi,
Borgognoni, Loreni, Piccardi, Normanni, e vattene
là. Ma tutti gli uomini di queste, e di altre moltissime
lor contrade i quali han nomi particolari, qualor si
tratti di comun vincolo, di comuni vantaggi, di comune difesa, o di altra patria cosa, non si valgono
d' altro nome, se non di quello di Francesi. E ciascun di loro particolarmente, e tutti, cumulatamente
parlando, gloriansi di poter dire: *Je suis Français; nous sommes Français.* Or, poichè i nomi col-
lettivi in alcune cose, dan più valore alle cose stesse,
si ne segue che questa lor comune appellazion di Francesi tanto infiamma, e incuora, e stimola, e collega
gli uni verso gli altri; che, quantunque alcuni di loro,
per gli ordinamenti del viver civile, sien talvolta avversi agli altri, essi non son dimeno tutti concordi
nella lor nazionale unità, ed independenza. E se questo uniforme lor volere di collegamento non avesse sgo-
mentato gli occupatori della Francia, io per me credo
ch' ella (è massime per l'odio che le inique opere del
Buonaparte avevan contro lei destato in tutta Europa)
sarebbe già stata messa in brani, come fu l' Italia.
Oltre di che gli uomini che brigaronsi d' operar la rivoluzione in Francia, n' avrebbon senza fallo portato
una ben dura penitenza a questi ultimi tempi. Ma nulla di tutto ciò si potè contro loro infino a quì operare,
nè operar potrassi certamente infinattantochè i più di

E quanto più è grande la sollecitudine de' forestieri che ci dominano, nell' escogitare
eziandio nuovi nomi per poter più agevolmente dismembrare in altre forme il paese
nostro, tanto maggiore esser dovrà la fermezza, la costanza, e quasi direi la capar-
bierìa nostra nel voler tutto il contrario. E
benchè fosse ora (quello però ch' io non
posso al tutto credere) alcuna italica gente
la quale del suo presente viver civile chiamar si potesse per contenta, pur non dovrà
ella dimen cooperare, il più che ella possa,
al conseguimento della generale nostra colleganza, sì perchè l' onore, la gloria, il vero
bene della comune patria il richiede, sì perchè l'utilità di tutti gl' Italiani è da preporre
a quella di alquanti, sì perchè nella universale italica consorterìa sarà eziandio per quella
una contentamento maggiore, e maggior
prosperità. Nè altresì alcun Italiano esser più
da voi dovrà disavvedutamente nomato straniero in qualsisia parte d' Italia egli si trovi,
anzi il più tosto che far si potrà prender tra

loro permarranno in questo bellissimo, ed utilissimo
comun volere. Italiani, ponete ben mente a tutto questo, e fatene buon profitto, se voi non siete del tutto
fuori del senno.

voi dovrassi che, ovunque un Italiano venga a stanziarsi nel paese nostro, sia egli quivi, dopo alcun brieve spazio, tenuto per cittadino (75).

(75) Ma intanto, a dispetto di questi patrii desiderj miei, io m' abbattei a leggere, alcun tempo è già passato, in una gazzetta francese che in uno de' presenti Italici Stati, nel quale assoldar si dovevano genti di altre contrade d' Italia, eransi quelli colà raccolti sotto il nome di *reggimento straniero italiano.* Se in quello Stato non fosser le principali cose in gran parte menate da persone d' oltremonti, e d'oltremare, appena che io ardissi di meco imaginare, non che di credere, che italici ministri d' un re che, quantunque di estrania stirpe, è pur nato nel paese nostro, avesser nomati stranieri gl' Italiani in Italia!

Oltre a questo io non so se quel gentil cavaliere di cui io favellai a di lungo in un' altra nota (a), dica vero, quand' egli afferma, in quel suo *librettaccio* (b), che i Lombardi, i Veneti, i Parmegiani, i Bolognesi tengonsi per così stranieri gli uni dagli altri, come fanno i Francesi dagl' Inglesi. E dice anche più che i Milanesi, da' lor diocesani in fuori, tanto reputan forestieri per loro i Pavesi, i Lodigiani, i Cremonesi, e i Bergamaschi, quanto i Francesi. Ma ben io guardomi di credere a quel che costui dice, essendo egli un cordial detrattore d'ogni cosa italica, siccome vedem-

(a) RAG. II, annotaz. 5ª, facc. 315, e segg.
(b) Facc. 193.

In somma io non cesserò qui di ripetère
che vi fa al tutto mestieri, non pur di abbo-
minare ed avere in odio le vecchie, e le recenti gare, e discordie, e aversioni, ed ire;
ma ognimamente eziandio conviensi che voi
siate e concordi, e fratellevolmente uniti il
più tosto che per voi si possa, acciocchè alla
per fine possiate voi avere alcuna nazional
forza, e divenir cosa di qualche momento
nel presente stato d'Europa. E metter ben in
cuore voi vi dovete che *senza questa prima
e fondamental opera non si può fare*. se vi è
caro (che esser debbevi per certo molto)
d' aver vostro grado nel mondo, così come
hanno tante altre nazioni, assai men numerose ancor della nostra; e gioire il bene inestimabile della independenza, e della libertà,
siccome or fanno pressochè tutte le altre nazioni europee; e non esser più arbitraria-
mente arrestati, e tenuti in carcere illecita-

mo. Oltre di che e' sarà forse che in que' paesi, senza alcuna rea intenzione, si dà nome di forestieri alle
persone che non sono stanziate nella stessa terra, così
come in Parigi io sovente intesi nomare *étrangers* i
Francesi non parigini. Come che sia, se l'opera stesse
come quel cavalier dice, degne di sommo biasimo sarebber quelle genti d'Italia da lui quivi menzionate.

mente, ed indebitamente puniti; e poter libe-
mente scriver per le stampe, e massime per
censurare, laddove faccia luogo, le opere ingiuste de' vostri governi; e non pagare onerosi, e non debiti soprappesi ed imposte; e
più non aver le vostre contrade, e le città,
é le case vostre ingombrate di soldati stranieri; e viver sicuri di non dover più essere,
nè voi stessi, nè le vostre famiglie, vilipesi,
oppressi, straziati, ed altresì disonorati per
le avanie, le ferocità, e le lascivie loro; e
non dover più nutricargli, e far loro più ni-
tidi, e con le vostre sustanze menomare i
lor gravosissimi debiti; e non lasciar più dispogliare crudelmente d' ogni pecunia, e d'
ogni altra ricchezza la patria vostra, che di
doviziosissima che sarebbe stata, è divenuta
miserrima; e più non supportare tante calamità, e tante miserie, in Italia mai più non
vedute, nè udite; e non esser portatori delle
largità concedute a que' medesimi forestieri
che furon pur delle vostre catene i principali
artefici; e non veder corse le vostre contrade,
o da loro fuggitivi soldati, o da que' vostri
paesani che, mercè de' gravosi balzelli e dell'
avarizia straniera, divenner mendichi; e più
non incorrere, nè per queste, nè per altre si-

miglianti cose, nella disistima degli altri popoli; e vietar che nè per regj doni, nè per vendite private, nè sotto altro titolo più non si trasporti in estrania terra alcuna delle pregiabilissime vostre cose antiche, nè delle opere insigni de' vostri avoli; e procacciar che maggiormente non s' insozzi di barbare voci, e locuzioni la vostra soavissima favella; e torvi del viso la vergogna dell' esser menati, come un vilissimo armento, da genti d' oltremonti, che a pezza non valgono quel che voi valete; e non consentir che le successioni negl' italici dominj sieno ordinate a solo pro di aliene prosapie, che presumono di avervi a godimento, così come ne' loro ovili i pastori han le greggie; e ributtare indietro le estranie masnade che ancor volessero, come sempre elle fecer per addietro, venire a oste, e guerreggiare in Italia; nè veder più tanti battaglieri, ed altri vanitosi oltramontani pompeggiarsi con soprannomi d' italiche contrade; e fare ogni sforzo perchè le genti d' Italia (per l'avidezza somma che hanno ne' traffici alcuni grandi Stati), nè paghino più alcun tributo a' pirati affricani, nè più possan elle cadere nelle lor barbare mani; e non sofferire che le vostre mercantili cose sieno ordinate quasi a sola utilità de' forestieri, nè che sienvi i vostri domestici traffici intraversati da mille intoppi di dogane, e di gabellieri, ne' quali a ogni piè sospinto l' uom s' abbatte in Italia; e non dovere più esser retti se non da italiche leggi, e quanto il più si possa a tutta Italia comuni; e più non patire che negl' Italici Stati, per prepotenza d'autorità regie, sien sospesi gli effetti delle leggi, o indebitamente annullati i giudizj civili, diffinitamente pronunziati da' tribunali, e che oltracciò senza giurati pari quivi aver luogo possano i giudizj criminali; e non udir favellare forestiere lingue in Italia, se non da viandanti; e potervi gloriare d' avere un valevole comun nome, ed una patria, che per certo da molti secoli in quà non ebber nè l' una, ne l' altra cosa gli abitator d' Italia; e soprattutto non esser più messi a mercato per numero di bocche, nè dati quasi a ragguaglio di bestie somaie, secondochè ciò tornasse bene per acconciare, con ogni vostro sconcio, le bisogne degli altri Stati. Che così appunto imperiosamente operar volle verso l' Italia il congresso di Vienna; delle cui opere, e della cui giustizia sempremai fremendo parleranno, e dovran parlare, non meno i presenti, che i futuri uomini d' Italia.

Or, quantunque sopra le. italiche cose molto detto per noi già si sia, moltissimo non per tanto a dir ne resterebbe, se troppo più lunghi che non saremo, esser noi volessimo. Non parci tuttavia che sien da preterire tutte le seguenti altre, e non per certo poche, considerazioni.

Ciascun di coloro che delle politiche cose di questi nostri tempi non sono affatto digiuni, ignorar non possono come non è ancor molti anni passati che per ricambiare, a sconcio e a danno altrui, alcuni precedenti maltolti (secondochè noi accennammo anche altrove (76)); si rapì violentemente la possessione della Norvegia al re danese, acciocchè far signore di quella si potesse il novello re di Svezia. Crudelissima fu per certo quella, ed ingiustissima cosa, ed eziandio più crudele ed ingiusta, perchè acerbamente a ciò repugnava il popolo novergiano. Or, per temperare il più che far si potesse l' amarezza di sì fatta opera, le miglior concessioni fur fatte a' Norvegiani ne' patti della traslazion di dominio, intanto che, oltre ad altri vantaggi, conseguiron essi quello inestimabile del divenir più liberi, ch'. é' prima non erano.

(76) RAG. I, facc. 85.

Ben si sa oltracciò che, per ringrandire gli Stati Prussiani, non già come quegli esser dovevano per vera ed essenziale utilità di tutta Europa, ma con la misera stregua delle terre che avean quelli perdute; fermossi a Vienna che fosser da dimezzare le contigue terre sassoni. Ma, avantichè si venisse a questa conclusione, fu grandissimo il numero de' trattati, delle altercazioni, e delle querele che quivi ebber luogo; e al postutto prima non fu l'opera mandata a esecuzione che lo stesso re sassone non fosse di tutto consapevole, e solennemente tutto non avesse egli stesso consentito (77).

L'Olanda fu eziandio ringrandita con l'aggiugnimento della Belgica, ma ciò nè eziandio si fece, che gli stessi Belgi, e gli Olandesi di pari concordia non istatuissero una molto libera fondamental legge con tutte quelle ottime cose che le si convengono, siccome di sopra fu per noi mostrato (78).

Non si restaurò l'antico Regno Polacco, ma, oltre che gran parte di quello, sotto nome di regno, fu congiunta all'Imperio Russo,

(77) Atto del congresso di Vienna, art. 15.
(78) FATTISPECIE, facc. 24, e segg.

si statuì anche in Vienna che, non pure i Polacchi di questa parte, ma quegli eziandio della parte austriaca, e prussiana dovessero esser retti per leggi costitutive, e nazionali (79). E già l' imperadore Alessandro tenne il patto, siccome vedemmo (80); e la Prussia il terrà similmente quando che sia, e forse altresì l' Austria, quantunque proprio a malincuore ella si conduca a conceder sì fatte cose. E vuolsi anche dire che si prese a Vienna parimente che in Polonia la città di Cracovia esser dovesse e *libera, e independente, e strettamente neutrale* (81).

Oltre a tutto questo è cosa certissima che quelle popolazioni alemanne che furon dispartite da un dominio per arrogerle ad altro, ebber quasi tutte, o aver dovranno, ed eziandio senza che l' avesser elle chiesto, un notabile miglioramento nelle lor costitutive leggi, e nel loro viver civile.

Ma che fu largito a quelle genti d' Italia che da una dominazione furon trasportate ad un' altra? A chiunque abbia letto le cose da

(79) Atto preallegato, art. 1.
(80) Nostra FATTISPECIE, facc. 29, e segg.
(81) Atto antidetto, art. 6.

2.

me precedentemente ragionate, non fa mestiere affatto ch' io qui risponda, e perciò mi
taccio (82).

(82) Tuttavia non è a pezza esaurita questa dolorosa
materia. E se parlar sol tanto si volesse di quello che
ora interviene, non meno a' Parmigiani che a' Lucchesi, non sarebbe forse da farne lunghissime querimonie? Fu tolta, siccome per noi si disse (a), la possessione del ducato di Parma alla real casa spagnuola
che la gioiva, per trasportarla nella famiglia del perfido uomo rilegato nell' isola di Sant' Elena. Ma la Spagna non volle mai, e per certo con somma ragione, a
ciò consentire. Ebber perciò luogo molte pratiche, e
molti trattati intorno a questo; e perciocchè questa
non era una di quelle contese tra popoli e regi, nelle
quali per via degli eroi mercennarj ne van quasi sempre i primi col capo rotto; ma sol tanto era una delle
semplici usate gare tra due regie famiglie, in cui il
comun detto pressochè mai non falla, cioè che l'una mano lavi l'altra, e le due il viso; sì ne venner finalmente
le cose a pacifica conclusione. Fermossi dunque l'anno
passato per solenne patto in Parigi che la Maria Luigia d'Austria, moglie del Buonaparte, sarebbe posseditrice, a sua vita, del ducato di Parma, e sue appar-
tenenze; e l'altra Maria Luigia di Spagna, vedova del
duca che fu di Parma, possederebbe intanto le terre
della spenta Repubblica Lucchese, state infino allora,
pe' futuri eventi, providamente tenute a serbo dalle

(a) RAG. I, facc. 75, e 76.

Ma forse promessa veruna non era stata lor
fatta, e per conseguente non era lor da atte-

previdentissime bicipiti aquile. Morta poi che fosse la
prima Maria, succederebbe la seconda, o i suoi eredi
nella possession parmegiana; e al possedimento della
Repubblica di Lucca saria succedente il granduca di
Toscana. Oltre a tutto questo, non essendo troppo
usanza che quelle sagaci aquile svolazzino ne' teni-
menti altrui, senza ch' elle vi si apparecchino almeno
un convenevole nidiuzzo per le loro future tornate; la
fortezza di Piacenza, a simiglianza di quella di Fer-
rara, mai più vota esser non dovrà da quindi innanzi
di' unghiuti e rostrati uccelli. E così, gittando a quando a quando un timido sguardo verso que' due minacciosi nidi, i trepidanti rettor d' Italia possono veder
per opera che i loro Stati divengono ogni dì vie più
sovrani, che non li fece l' articolo VI del patto parigino *de'* 30 *di maggio dell' anno di grazia* 1814, il
qual fu il bel preludio delle successive opere viennensi.

Come che la cosa sia, in questi imperiali e reali accon-
ci non è perdita, nè dall' un de' lati, nè dall' altro, perciocchè, laddove i nostri dominatori sien forniti d' un'
annua più che sufficente tonditura, poco o nulla lor
monta che i velli dell' italico armento sieno bianchi,
o sieno neri. Ma l'opera sta del tutto altramenti pe'
miseri Lucchesi e Parmigiani, dati così a fitto come
un branco di montoni. E massime i primi, ch' erano
genti non suggette, e che (se se ne cavi solo un de'
loro, già guasto ne' maneggi delle corti d'oltremon-

nere alcuna cosa? Nè eziandio a cui le sopraddette mie cose abbia già lette, di mia
risposta quì non fa punto luogo.

ti) tutti furono, così come anche i Veneti e i Genovesi, meritissimamente molto riluttanti alla sovversione
degli Stati loro, operata in principio dal principale
artefice de' mali d'Italia. Non surgerà perciò nè contro gli uni, nè contro gli altri un novello Samuele,
il quale lor dica: *Non exaudiet vos Dominus in die
illa, quia petistis vobis regem* (b). Tutti essi anzi potranno, e dovranno sempre, e sempre con somma
ragione, e sempre con severo ed accigliato viso, dire
a ciascuno de' *delegati della divina provvidenza* (c):
« Nostro Signore Iddio, non già perchè tu usurpassi
« la sovranità, e l' independenza nostra, ma *consti-
« tuit te regem, ut faceres iudicium, et iustitiam* (d). »
Or piuttosto che far multiplicar così all' impazzata,
come oggidì si fa, le copie della santa Bibbia, per
doverle mettere in mano a persone che il più la intendono del tutto a ritroso, e la tirano a dannoso sentimento; non varrebbe cento cotanti meglio che i supremi reggitor d' Europa ci mostrasser con l'opere, e
co' fatti i divini precetti di quel sacro libro? Così certo,
così il mondo avrebbe vera pruova che, non la voglia de' conquisti, ma *la moderazione, e la probità
or fondamentano i troni europei* (e).

(b) *Reg.*, *lib. I, cap. 8, 18.*
(c) FATTISPECIE, facc. 10.
(d) *Reg.*, *lib. III, cap. 10, 9.*
(e) FATTISPECIE, facc. 7.

Ma forse gl' Italiani stetter silenti, nè dell' esser trasportati da non suggetta a servil signoria, nè dell' essere retti da natii, o strani uomini non dieronsi nè cura, nè pensier veruno? No no, la cosa non andò per certo co-

Del resto, cari Compatrioti, voi per innanzi, se operar volete sagacemente, esser più non dovete non curanti, siccome infino a qui foste, gli uni per rispetto agli altri. E, opportunamente esemplificando, io voglio dire che, quantunque i Lucchesi e i Parmigiani non sien per certo i più degli uomini d' Italia, voi non pertanto, quale che sia il paese nostro nel quale abbiate avuto il natale, dir sempremai dovete *nostra res agitur, paries quum proximus ardet* (*f*); cioè i danni e i mali son comuni a tutti noi, in tutto lo strazio che or si fa di loro. Ed in effetto e' sono così dati a godere, come l'uom fa delle pecore, perchè abitano le bellissime nostre contrade, divenute oggi in grandissima parte il patrimonio degli strani. Or, nel profondo pelago di miserie nel qual foste barbaramente gittati, non altronde puote a tutti noi venir salute, se non che dal dover noi reputare per cosa comune il bene, o il male che intervenga a ciascuna parte degl' italici cittadini; il che torna a un puntino al fatto dell' unità, della concordia, della fermezza, e con questo, non già delle ribellioni, che debbonsi fuggire, ma della sagace, e costante vostra resistenza all' oppressione.

(*f*) Oraz., epist. 18, lib. I.

sì. Gl' Italiani , se non tanto per avventura quanto far si conveniva , gran parte di quelle cose certissimamente adoperarono che a dar debito effetto al giustissimo loro intendimento fur credute opportune , ma ogni lor fatica , ed ogni lor sollecitudine venne al tutto vana. Furon primi all' opera onorevolissima i zelosi e ferventi Milanesi, alquanti de' quali si condussero a bella posta in Parigi , là dove nel 1814 , vinto e fatto prigione per dedizion volontaria il Buonaparte , erano a campo i collegati reggitor de' popoli (83). Nulla intentato per certo non lasciaron que' probi uo-

(83) Il secondo di que' due civilissimi cavalieri de' qnali a dilungo si parlò nel RAG. II (a) , favella con molta inverecondia in quel suo schifoso libro (b), non pur di questi onorati nomini venuti allora in Parigi , ma del comune di Milano che qui mandolli ; e perciocchè dall' austriaco imperadore non furon le lor giustissime domande in alcun modo consentite, colui si sforza di schernirgli e beffeggiargli il più ch' egli possa. Ma quell' ingiusto rifiuto , nè le costui maldicenze non iscemeran punto l' onore che lor fu, e sarà sempre quella patria impresa loro. Ed io perciò estimo che in quest' opera , italica quanto altra mai esser potesse , sien da registrare i venerati nomi delle persone

(a) Alla nota 51. facc., 315.
(b) Facc. 128 , e 129.

mini, ma quà uno statista, con orgoliosa fred-
dezza e con bugiarda applicazione, lor diceva, tutti i popoli non esser fatti a poter vivere
sotto costitutive leggi; e là un di que' sommi
rettori, non pur tiepidamente li raccoglie-
va, ma, da ciò anche tosto ritraendosi, lor
non lasciava nè altresì aprire le loro intenzioni; e quà un terzo di lor si rideva, e fa-
cevane scherno; e là un quarto a ciascun di
loro, chiedenti patrio governo e independenza, altro presagir non sapeva, se non sug-
gettamento servile, ed aliena dependenza,
per forza, siccome egli diceva, *del diritto de'
conquisti*, che le lusinghiere promesse eran
già lasciate allora ne' *leali* bandi, i quali, a
detta di messer *Castlereagh*, nomar debbonsi opere *d' imbecillità* (84).

Quello che operassero i Genovesi il vedemmo nella FATTISPECIE (85). Pur, quanto
è a loro, non si può negare ch' essi almen

qui allor venute, i quali sono questi: Sigg. MARCAN-
TONIO FE, bresciano, SERAFINO SOMMI, cremense, GON-
FALONIERI, CIANI, LITTA, BALLABIO, SOMAGLIA, e BEC-
CARIA, milanesi.

(84) Vedi, RAG. I, facc. 207.

(85) Facc. 43 in fine, e segg.

furono formalmente uditi, e perciocchè non sotto estrania, ma sotto natia dominazione eglino trapassar doveano, sì furono in lor pro statuìti alcuni patti (86); e ciò non repugnarono, nè il patrio lor novello rèttor subalpino, nè gli statisti suoi che in Vienna per lui patteggiarono.

Anche i Lucchesi, anche altri valorosi Italiani, e soprattutti, e con molto migliore e maggior titolo, i vetusti, i nobilissimi Veneti non è da dubitare, siccome io già dissi (87), che non procacciassero d' essere almen uditi, ma ogni adito lor fu barbaramente vietato, e ogni lor domanda, o non voluta ricevere, o lasciata senza risposta. E qui or, ponendo pari il patrio con l' alieno governo, aperto si può conoscere come esemplificatamente il nome di *paterno*, del qual di sopra noi toccammo un motto (88), sia ben conveniente all' uno, e non punto del mondo all' altro. E a più particolare esemplificazion procedendo, apertissimamente si può anche ve-

(86) Atto del congr. di Vienna, àrt. 88 e 89. *Recueil de pièces*, etc., *Schoell*, tom. VII, facc. 341, e segg.

(87) FATTISPECIE, facc. 65.

(88) RAG. II, facc. 289, in fine.

dere come il porto di Genova abbia servate,
anche sotto la dominazione monarchica, ma
paterna, tutte quelle franchigie che quello
gioiva sotto il suo libero governo; e per opposito come al porto della libera signora che
fu dell' Adriatico, venuto con esso lei sotto
la signoria forestiera, che esser non può veramente paterna, altre franchigie lasciar non
vogliansi, se non quelle che non facciano
troppo sconcio al porto di Trieste; considerato che il reggitore straniero graduar dee
le affezioni della paternità, secondochè di più
vecchio tempo, e di più stretto parentado
sono le figliuolanze, E quello ch' io qui dissi
in servigio del porto de Venezia, io credo
che dir si possa eziandio, non pur degli adornamenti di quell' egregia città, ma (che è
più) delle opere che quivi riparare e rinno-
vellar si debbono assiduamente, sì perchè
sia nella città la debita nettezza, sì perchè ne'
dì tempestosi sia quella al coperto contra la
violenza delle onde marine. Avean di tutto ciò
la più sollecita cura i patrj rettor veneti, ma
affatto stolto sarebbe chi al presente si desse
a credere, che altrettanto operar volesse o potesse una straniera signoria, la quale, per le
rovinose e lunghe guerre, in questi preteriti

anni da lei sostenute con isventuratissimo successo, cespica ad ogni piè sospinto tra gl' intoppi grandissimi d' uno smisurato debito pubblico; e la quale, per non dietreggiar nelle mutue vigilanze della santa, ma non inerme, nè imbelle colleganza, e per poter tenere bene annodato il ricalcitrante italico armento, è costretta ad avere al soldo un numerosissimo esercito mercennaio (89).

Ombre gloriose de' trapassati veneti Eroi,

(89) Che è, l'Italia a esser così senz' alcuna intermissione da' forestier dominata? e' non potrebbonsi mai tutte noverare le sciagure, e le miserie sue. Guerreggiò lungamente gli Austriaci il Buonaparte, e oppresse e sperperò il paese nostro, per fare ogni acconcio e dar compimento a quelle imprese sue. L'Austria, per poter difendersi in que' calamitosi frangenti, fu ed è oltremodo indebitata. Or chi avrebbe mai potuto farsi a credere che le sventure d' Italia avessero a proceder tanto innanzi, ch' ella, dopo avere in gran parte pagate le spese de' vincitor Francesi, pagare altresì dovesse una parte de' debiti de' perdenti Austriaci? Per certo era cosa da non doversi, non pur credere, ma nè eziandio suspicare: il fatto tuttavia ci mostrò il contrario. Non maraviglia dunque che più genti d'oltremonti, trovando negl' Italici una sì bella rassegnazione alle dimande e alle bisogne loro, siensi le une con l' altre sì sovente accapigliate per afforestierarli ciascuna a loro pro.

voi che foste un tempo i signor de' mari, o
come, battendovi a palme; or alto gridereste,
se conceduto fossevi di tornar fra noi, ed intendere da' lacrimosi vostri discendenti che
più or non può la dignitosa donna dell' Adri-
tico francheggiar nelle sue lagune i legni
stranieri, nè più far riparo contro a' marini
flutti nella sua bella sede, se *l'aulico* tedesco consiglio, *ponderosamente* investigando
e ruminando, non trovi per vero che l'una
cosa non isiminuisce punto i triestini profitti,
e l'altra non alleggia se non di poco i veneti
tributi. Ahi che mi fugge del tutto l'animo in
pensare al misero stato a cui, infra non lungo
spazio, quella vetusta, e bella sede fia ridotta!

   « E da quali inumane contro noi collega-
« te, e congiurate genti (voi qui chiedereste
« senza fallo) venne sì crudele, e sì nuovo
« ordinamento nella patria nostra ? in quella
« patria che sì alto noi levammo con tante
« nostre fatiche, con tante nostre vigilie e su-
« dori, e con tanto sangue da noi sparso ?
« e massime per guardare e preservar tut-
« ta Europa dalla barbarie musulmana ? Più
« spietate sono dunque sì fatte novelle genti,
« che 'l ferocissimo, che 'l crudelissimo re
« degli Unni, posciachè tra noi i più vetusti

2   9*

« poteron fuggire la ferocità di lui, e voi la
« loro fuggire non poteste? »

Venerandissimi Eroi, noi non pur pareggiare quelle varie genti non potremmo al ferocissimo condottier degli Unni, anzi gloriosissime, e benemeritissime dell' umana generazion le nomeremmo, se le prime maravigliose loro opere, con si generosa perseveranza recate ad effetto, dalle ambiziose e sordide voglie delle seconde, state non fossero quasi interamente annichilate. E, quanto è alla misera nostra Italia, venne principalmente dalle trame oltremare ordite il funesto colpo che l'oppresse, e da uomini che vantansi (a parole, e non per certo in fatti) di non impacciarsi delle bisogne degli alieni Stati. E, se ad onesto fine almeno essi il facessero, sarebber quasi da scusare coteste loro vantanze; ma fatto sta che l'usurpazione delle Isole Ioniche è troppo chiara pruova della leal fede, e del disinteresse con cui operano cotesti vantatori, da dover l' uomo inavvertitamente fidarsi in loro, ove essi s' impaccino delle faccende altrui (90)!

(90) E perchè tutti gli altri Inglesi cosi non operano per l'Italia, e massime per Venezia, come fece

Donde, e come dunque che si riguardi alle cose operate a questi anni passati nel paese nostro, assai manifesto può apparire a chiunque senza punto parzialeggiare voglia alcun poco porvi mente, che nazione alcuna non fu giammai più oltraggiata, nè più rinvilita che la nostra, e che veramente il colmo dello svilimento or veda la dolente Italia. Il perchè con assai più di ragione che de' suoi dì non facesse il nostro divin Poeta, pare che al presente sclamar si possà:

Ahi serva Italia, di dolore ostello,
Nave senza nocchiero in gran tempesta,
Non donna di provincie, ma bordello (91)!

Fu in Vienna che, dietro alle trame e alle

e fa l'ottimo e dotto amico mio il sig. Carlo *Kelsall?* Non solamente più delle cose egli scrisse in pro del paese nostro in generale, ma sopra la Veneta Repubblica egli fece in ispezialità sì sagaci, e vere, e libere osservazioni, che chiaro più che mai per quelle apparisce come fosse tirannica, ed abbominevol cosa l'avere spento quella veneratissima signoria. Insieme con le medesime osservazioni egli pubblicò (traslatata in lingua inglese) la bellissima orazion funèbre recitata dal Navagero in morte dell'insigne doge, Leonardo Loredano. *The Pamphleteer*, n.º *XXIII.* June, 1818.

(91) Dante, Purg. 6.

leali cose oltremare ordite, siccome testè dicemmo, furon poscia artificiate le pesantissime catene che lei avvinsero ed annodaron saldamente; e par che a ristorare i gravissimi sostenuti danni, e a sfogare lo sdegno delle durate onte, miglior campo che quello della patria nostra trovar non sapesse, nè potesse l'austrica gente; cui fece in questo ogni acconcio la russa, maggioranza la qual così potè in detrimento gravissimo dell' inerme e misera nostra patria, dare agevole ed intero compimento a' suoi propensati ingrandimenti polacchi. E or le cose sono a tale venute in Italia, che esser quella più non può vera patria degl' Italiani, perciocchè nel vero dove han suprema dominazione stranieri uomini, quivi onorevol patria più non è pe' cittadini, e massime per quei tra loro che furono i più ritrosi alla forestiera signoria. Così non pochi di que' valorosi ed onorati Italiani che avevan pugnato contro quella, o furon chiusi per non brieve spazio in tenebrose carceri, o mandati a confine, o costretti ad abbandonar le patrie contrade e andare errando in remoti paesi, acciocchè ne' nostri con più pacato animo esser potessero negli agi, e negli ozj le genti d' oltremonti.

Or perchè a lasciar la natia patria son essi dannati? E perchè essere eglino non possono Italiani in Italia? Puossi forse lor rinfacciare, o forse di lor temère che voglian essi invadere le altrui contrade, e dominare in quelle, o metterle a ruba? Piuttosto che aver l' animo a sì fatte cose, eglino anzi procacciar volevano, affrancando la patria loro, che ciò più lungamente in quella non intervenisse per opera di aliene genti, ed oltracciò d' altro desiderio non eran essi accesi, se non di viver pacificamente in quella, siccome uomini quivi nati, cresciuti, e stanziati (92).

(92) Una gran parte di que' valorosi nostri Guerrieri recusaron anche la paga morta, or detta *mezzo soldo*, che la forestiera signoria lor avea profferto; e quei che per sola la strettezza in cui sono, si condussero a prenderla, quantunque altro con ciò lor non diasi, se non che quello che pagano i loro stessi compatrioti, pur tanto lor grava il mostrarsi sostenitori della strania dominazione, che veston essi militarmente sol tanto il dì che si fan le paghe, e sol tanto perchè la legge de' dominatori li vi strigne. Or questa è un' altra irrepugnabile pruova ch' essi, se recaronsi a divenire uomini d' arme, ciò fecero perchè difenditori della loro patria volevano essere, ed erano in effetto; e non già mercennai battaglieri, presti ad asseguire anche le più nefande voglie di cui volesse torli a soldo.

E perchè, per altra parte, dopo tanti rivolgimenti ch' ebber luogo in Italia, e le vicende che sforzaron gli uomini (sovente lor
malgrado) a dividersi a parte, or di una, or
d' altra gente, sussistere almen quivi non la-
sciossi una delle nostre Repubbliche, acciocchè potessero in quella rifuggirsi, come in
sicuro luogo, quelle persone che ne' princi-
pati italici potere aver non credessero quie-
ta, e tranquilla stanza? Statuir si potè una
novella repubblica in Polonia, e lasciare alcuna delle sue vetuste non sarebbesi dovuto
all' Italia? A soli gl' Italiani non è dunque
conceduto nella lor patria un asilo? Che crudeltà, che barbarie è mai cotesta? E che cosa
altresì poco sentita ella è per gl' Italici Stati?
Forsechè alla futura quiete e alla tranquillità
di quelli non sarebbesi provveduto, non so-
spignendo alla disperatezza, ed al furore tanti
valenti, ed animosi uomini? Sì certo, sarebbesi.

Ma questo non s'attaglia punto alla ferrea
dominazione degli strani aristocratici, nè alla
larga messe che essi intendon di fare in Italia. A' nostri che dannar se stessi non vogliono a volontario esilio, non è conceduta
una patria, se non servile, e per conseguente

ontosa, e miserissima; e ad essi, forse perchè del servire non sono punto schifi, e massime ove ricambiar quello essi possano, altre
genti dominando, due patrie, anzichè una,
bellamente sono preste, cioè l'austriaca ch'
è loro, e l'italica che loro è similmente, non
essendo più nostra.

Ecco dunque giustizia, ecco *legittime* opere, ecco sante ed esemplari cose; aver fatte agl'
Italiani sì lusinghiere promesse, e strignerli
poscia imperativamente, o a servire misgradite aliene genti, o ad abbandonar la terra natia!
Or perchè solennemente, e per mistico patto,
ed in iscritural senso già si disse, *gli uomini
essere ordinati di tenersi per fratelli?* Non
sono dunque uomini gl' Italiani da dovere esser trattati fraternamente? E cristiani essi non
sono anche, ed anzi de' più antichi sostenitori
della religione eterna d'Iddio Salvadore, la
qual fu pure sì affettuosamente invocata? E
perchè oltracciò dagli arbitri europei, *tenen-
dosi essi per padri di famiglia* (93), non furon tra i figliuoli di nativi padri, anzichè tra
i servi di forestieri, gl' Italiani annoverati?

Del resto conviensi altresì ch'io di dir qui

(93) FATTISPECIE, facc. 8, e segg.

2. 10*

non lasci che il non voler gl' Italiani aliena signoria nelle amenissime lor contrade , non è miga ne particolare , nè nuova , nè troppo isquisita loro schifiltà e ritrosia. E qual è in effetto il popolo, antico come moderno , che non l'avesse in orrore , e non procacciasse di repulsarla ? Forsechè gl' Israeliti , per fuggir la servitù di Faraone , che li dominava ed op‑ primeva quasi come stranieri del suo regno , non abbandonaron l'Egitto, sotto la scorta del loro legislator Mosè (94) ? E , sommersa poi nel mar rosso per soprumana forza l'o‑ ste dell' egizio dominatore , non esclamava tutto esultante quel loro condottiere : « Can‑ « tiamo il Signore, poichè gloriosamente egli « magnificossi, il cavallo e'l cavaliere nel mar « profondando (95)? » E all' intrepida eroina di Betulia non diceva Ozìa : « Va pure in pa‑ « ce, e sia teco il Signore, nella punizione de' « nimici nostri (96)? Ed ella stessa, la viril ve‑

(94) *Exod. c.* 14.

(95) *Cantemus Domino : gloriose enim magnifica‑ tus est; aequum et ascensorem deiecit in mare.* Qui‑ vi, c. 15 , 2.

(96) *Et dixit ad eam Ozias, princeps Iudae : Vade in pace, et Dominus sit tecum in ultionem inimicorum nostrorum. Judith,* c. 8 , 31.

dova, accignendosi all' alta impresa dell'
uccisione dello straniero duce assiro, ed il
Signore invocando, questi fervorosi prieghi
non gli porgeva : « Signore Iddio del mio
« padre Simeone, che gli desti la spada in
« ischermo contro a genti strane... Mira ora
« il campo degli Assiri, così come tu altra
« volta di mirar degnasti quello degli Egizj...
« Fa sì, o Signore, che con la sua propria
« spada s' abbatta la superbia del condot-
« tiero.... Dammi nell' animo fermezza, ac-
« ciocchè io il disprezzi, e valore, acciocchè
« io il disconfigga (97)? » E pressochè tutta
la sacra storia de' Macabei apertamente non
mostra che non levaronsi essi a guerre, se non
per liberarsi de' legami stranieri? All' asseguimento della patria impresa, primo tra lor
surse l' ardimentoso Matatia, il quale dolen-
temente dello strano giogo ragionando, e a'

(97) *Domine Deus patris mei Simeon, qui dedisti
illi gladium in defensionem alienigenarum..... Re-
spice castra Assyriorum nunc, sicut tunc castra Æ-
gyptiorum videre dignatus es... Fac, Domine, ut
gladio proprio eius superbia amputetur... Da mihi in
animo constantiam, ut contemnam illum, et virtu-
tem, ut evertam illum.* Quivi, c. 9, num. 2, 6,
12, e 14.

suoi cinque valorosi figliuoli dando cuore, altamente sclamava : « Or che ci giova oggimai il vivere (98)? » E, sopraggiunto poi da morte, egli anche in sull'estremo non incul-« cava loro : Fate la vendetta del popol vostro (99)? » Nè falliron eglino fede al venerato genitore, e da tutti i lor compatrioti meritissimamente n' ebber essi corona.

E, se per rispetto a questo dalle storiche cose sacre trapassar volessi a favellar di quelle della storia profana, io non potrei forse mai por fine alle parole, tanto fu meritamente odiosa ad ogni gente, ed in ogni età la dominazione straniera. Ma, perciocchè sarebbe questa troppo lunga opera, e che trarrebbemi troppo fuor di via, ed io parlerò soltanto, e con brevità, e più opportunamente, di quello che a questi nostri tempi sopra ciò dissero, ed operarono gli stessi supremi arbitri d' Europa, non che i popoli loro.

E, la prima cosa, forsechè negar potrassi che, impadronitisi che furon dell' Alemagna

---

(98) *Quo ergo nobis adhuc vivere? Machab.*, l. I, c. 2, 13.

(99) *Vindicate vindictam populi vestri.* Quivi, num. 67.

i Francesi, non cominciasser con somma ragione ad ordir trame gli Alemanni per trarsi della suggezione loro? E non erano anche allora alcuni degli stessi re di quelle contrade favoreggiator sollecitissimi de' sodalizj segreti, ordinati quivi sagacissimamente per accendere ed annodar gli animi de' cittadini, acciocchè fosser eglino sempre presti, e sempre incorati contro l' oste nimica, e ad opportuno tempo corressonla ad assalire, cacciare, e distruggere? E procedendo poscia molto più innanzi ne' suoi smodati conquisti l' uom confinato ora a Sant' Elena, ed entrato co' poderosissimi eserciti suoi nelle vastissime terre russe, gli animosi e risoluti uomini di quella freddissima zona, estimando con somma ragione che assai minor male che 'l giogo straniero fosse il perder tutte le loro sustanze, e ogni ricetto, e il vivere a scoperto sotto ghiacciato cielo, non arsero e case, e vettovaglie, e masserizie, e ciò altro ch' esser potesse acconcio alle stanze de' nimici? E, mossi da questa loro aversione da una ontosa servitù di aliene genti, non perdusser eglino ad effetto l' opera (che per ardire, e risolutezza mai forse non ebbe pari tra le ardimentose opere mondane) dell' arsione di

Mosca, la qual fu poi principal cagione del quasi totale annichilamento dell' oste francese? E non fu similmente il potentissimo e nobilissimo incentivo dell' amor patrio, mal sofferente ogni straniera mescolanza, che sospinse quell' immortal duce prussiano (100) a fallir la fede, non per certo liberamente giurata a' Francesi; a spergiurarsi anche al re suo, per utilità somma, non men di lui stesso, che della patria comune; a congiugnersi co' Russi che, senza questo primiero e sustanzialissimo sussidio de' valorosi Prussiani, mai non avrebbon potuto recare ad effetto una sì difficultosa, e sì grande impresa; a dar di sproni con l' esemplo suo memorabile alla na-

---

(100) Qui ad ogni uomo che non sia al tutto dimentico delle vicende de' tempi nostri, dee tornar tosto a memoria quel celeberrimo *d'Yorck* contro il quale, per aver nuovo titolo di far nuove e più numerose leve d'uomini, tanto il Buonaparte fece romoreggiare e dire ingiurie, in quella ragunanza del suo senato la quale ebbe luogo a' 10 di gennaio 1813. Non pur nel foglio del *Monitor* di Parigi de' 12 del mese stesso tutto ciò si può vedere, ma legger può ciascuno altresì, in moltissimi altri fogli susseguenti della gazzetta stessa, come ferventemente desser lena allora alle incendiarie opere di quel furibondo uomo quasi tutti i mantici degli uomini in uficio nel grand' imperio suo.

tia austriaca tardezza; ch' era anche allora del
tutto impastoiata nelle pazze opere, e nelle
parentezze napoleoniche; ed in somma ad incitare ad inanimire tutti gli Alemanni perchè
corressero all' armi, e cacciasser delle contrade loro, siccome in effetto essi poi fecero,
i dominator forestieri? Ed in commemora-
zione della principale, e più gloriosa pugna
di cui rimasero vincenti, e per la quale
spezialmente intervenne che più non fosse,
e sia oggidì sotto strana signoria la terra alemanna; non istatuiron essi un' annua festa,
da esser solennemente celebrata il dì stesso
dell'acquistata vittoria, tanto il giogo straniero loro allor pareva duro, tanto è loro a grado
al presente l' averlo sovvertito?

E, se gravosa a comportare fu pe' Tedeschi
la suggezion francese, strana cosa parer dovrà forse altrui che assai più grave per gl'
Italiani or sia quella degli Austriaci? E quale
è in effetto sì dissennato, e sì scorato uom
d' Italia che a queto veder possa reggere da
forestieri, come loro provincie, le bellissime, e fertilissime terre milanesi, e venete;
e come città provinciali, non pur quella che
ebbe quivi più splendore a questi anni passati,
anzi l' altra reina che fu del Mare Adriatico

per quattordici interi secoli; e finalmente,
come subordinati e sottomessi a Vienna, tutti
gli altri Italici Stati?

Tuttavia qui forse alcun dir potrebbe : solo
tu se' che, secondo tuo pari, cioè da volgare
uomo, così ragioni delle straniere signorie :
elle sono da tenere assai più care che tu non
dici; il che tu fai per metterle in dispregio,
ed isvilirle. Sì?... Niun potrà mai presumere
che sia volgare uomo il re di Prussia; e tuttavia ecco qui quello ch' egli disse nel bel principio d'un suo bando, mandato agli abitatori
del granducato del Reno, aggregati nel 1815
alla monarchia prussiana.

« In consentendo all' unanime determina-
« zione del congresso che incorpora agli Stati
« miei una gran parte delle provincie ale-
« manne della sinistra riva del Reno, io non
« men conobbi tutto il pericolo della postu-
« ra di queste provincie alle frontiere dell'
« Imperio d'Alemagna, che il dovere, non
« agevole ad asseguire, del farne guardia.
« Ma, avendo il debito riguardo all' utilità
« della patria alemanna, io da me rimossi
« ogni dubbio, considerato che paesi d' ori-
« gine alemanna, all' Alemagna esser deb-
« bono ricongiunti, sì perchè appartener non

« possono ad altro Stato, *cui sono quelli alieni*
« *per linguaggio, costumi, consuetudini, e*
« *leggi;* sì perchè sono i propugnacoli del-
« la libertà, e della independenza aleman-
« na (101). »

Dice quì dunque il re prussiano che, benchè fosse non agevol cosa il difender dagli assalti stranieri così fatti paesi, tuttavia rico-
giugner quelli doveansi all' antica patria loro,
repugnando alla lor congiunzione ad altro
Stato il linguaggio, i costumi, le consuetudini, e le leggi de' suoi abitatori. Potrassi dir
forse con ragione che sieno in tutte queste
cose men discordanti gl' Italiani agli Austriaci, che non fosser gli Alemanni a' Francesi?
O a poter far testa, e ributtare indietro gli stra-
nier dominatori sono forse men validi propugnacoli le italiche frontiere, che sieno quelle di cui ragionava il re prussiano? Niuno
potrà certissimamente affermar con verità sì
fatte cose. Perchè dunque senza la costosa,
e gravosa presenza di stranieri ospiti non saremmo noi lasciati vivere, così come si lasciano gli abitatori della manca renana riva?

Presumerassi forse d' oppormi che così al-

(101) *Schoell, Recueil, etc.* Vol. V, facc. 54.

lor parlava il re di Prussia, perchè così si conveniva agl' interessi suoi, ma che, nè eziandio per interessi a se convenevoli, mai così
non ragionò l'austriaca corte? Mai così?... Mi
piacque!.... Ma fantasticherie da me escogi-
tate non son per certo queste : « Italiani, ascol-
« tate la voce della verità, e della saviezza.
« La prima vi dice che voi siete gli schiavi del-
« la Francia. Sol tanto per lei voi consumate
« sostanze, e vita. È cosa di fatto che il pre-
« sente *Regno d'Italia* niun'altra cosa è, se
« non un sogno vano, un nome senza titolo;
« ma le leve d'uomini, le imposte, le anghe-
« rie d'ogni maniera, *l'annichilamento del*
« *vostro stato politico* sono cose vere, e cer-
« te. L'altra anche vi dice che in questo stato
« di svilimento voi non potete essere stimati,
« nè rimanere in pace, nè essere Italiani. Or
« volete voi di nuovo divenire Italiani? Ag-
« giugnete le forze vostre al possente eser-
« cito che l'imperador d'Austria generosa-
« mente invia alla volta d'Italia... Una costi-
« tuzione fondata sopra la natura delle cose,
« ed una vera politica prospererà il suolo ita-
« lico, *e renderà inaccessibili le sue fron-*
« *tiere ad ogni straniera signoria* (102).....

(102) Era l'austriaca corte tanto allor zelosa della

« Non temete nulla, Solamente che Voi
« siate Italiani.... Noi venghiam *per aiu-*
« *tarvi,* per Rendervi Liberi. Volete voi dun-
« que rimanervi ancora un lungo tempo *nel-*
« *la feccia della servitù?*

Or non sono bisogno lunghe mie disquisi-
zioni, sopra questo brano di scrittura : esso è
troppo chiaro , e troppo aperto da dovere essere in alcun modo deciferato con sottili , ed
isquisite chiose. Nè altresì ch' io dica donde
quello provenga , non fa qui mestieri affatto,
poichè il leggitore , se non abbia egli tra-
scorsa , ma letta seguitamente quest' opera
mia , esser deesi avvenuto nel testo intero
intero di quella scrittura , il qual è nel fine
della nostra Fattispecie. Sol tanto io dirò
che , per le cose da me ragionate in quest'
opera mia , essendo l' independenza d' Italia
essenzial cosa per l' independenza ed il buon
ordinamento di tutta Europa, e massime della
Francia , non dovrà perciò questa nelle future emergenze esser *silente per l'. usurpa-*

nostra independenza, che, volendo tor via *ogni straniera signoria* d' Italia , ella escludeane eziandio se
stessa !

zion dell' Italia (103), siccome ella fu costretta a fare a questi passati anni. E per questo, non che altre ragioni, anzi nè eziandio
altre parole non avrà ella necessarie, se non
che quelle stesse del testè addotto brano dell'
austriaco bando. Che nel vero, se dove in
quello sono i nomi di *Francia*, e di *Regnò
d' Italia*, e d' *imperador d' Austria* si susti-
tuiscan quelli d' *Austria*, e di *Regno lom-
bardoveneto*, e di *re di Francia ;* con irrepugnabile verità si può dire all' Austria :

.... *Mutato nomine*
Fabula de te narratur (104)....

E maggiormente che, non senza detrimento grandissimo della dolorosa Italia, furon le cose recate al termine in cui quivi ora
sono ; che per certo, piuttosto che fosse quella (siccome tanto magnificamente le si prometteva) de' suoi mali alleggiata, in molto
più strema fortuna ella è miseramente caduta.

Ma perchè vo io più oltre investigando ? E
forsechè non è detto assai, ed anzi cento co-

(103) Queste sono parole del sig. De *Pradt.* Vedi
RAG. II, facc. 129.

(104) Oraz., sat. 1, v. 69 e 70.

tanti più che mestier non faceva, per mostrare a occhi veggenti di chi che sia, che far
si volle, e fecesi deliberatamente il più crudele strazio che far si potesse della sventurata
patria nostra? Di quella patria che tanto era
splendida e gloriosa, quando ella i barbari
dominava e lor dava civiltà, e che divenne
sì misera, e fu sì crudelmente straziata, e
in tante differenti guise, quando essi poi la
signoreggiarono, e tracciaron di farla imbarberire? E par tuttavia che i gravosissimi mali
che sotto la ferrea lor dominazione ella durò
per tanti secoli, non fosser nè eziandio reputati
sufficenti in Vienna, posciachè lasciar non le
si volle pur ombra di nazionale independenza.
Voi perciò, miei carissimi Compatrioti, oltre
al mostrarvi sempremai abborrenti da tutto
ciò che quivi operossi contro quella, mai dimentichi esser non dovete, nè delle mendáci
e frodolenti promesse che, soprattutto in
nome del governo britanno, precedentemente vi furon fatte dal *Bentinck*, e dal *Nugent*,
nè dello scherno che, per maggiore vostro
strazio, fu di voi fatto dal *Castlereagh* nel
parlamento della Gran Bretagna (105). Ed

(105) RAGG. I, facc. 132, e 133.

abbiatevi per fermo che, quali che sien le doglienze, le querele, e i risentimenti che voi far vogliate e possiate, le une cose sempre abbominando, e anche sempre le altre avendo a mente; voi mai non farete cosa in alcun atto rispondente alle offese, al vituperio, e a' danni·che avete voi già ricevuti, e che ricever vi si converrà nel tempo avvenire, se, alcun modo voi non trovando al vostro scampo, nelle rugginose catene in cui foste annodati, sarete costretti a permanere. Ed è stata questa un' altra più dimostrante pruova che gli uomini d' oltremonti abbian voluto dare al mondo dell' affettuosa lor gratitudine, e della leal fede loro verso l' Italia, per lo avere ella *fatto rifulgér primieramente nell' Europa, ancor selvaggia e barbara, la luce della civiltà, delle scienze, e della moralità* (106),

Or non dovrà per certo parere strana cosa ch' io di nuovo quì ripeta che mai più, se vogliamo una volta esser cauti, noi confidar non ci dobbiamo nelle parole, e nelle promesse de' forestieri (quali ch' egli si sieno!); sì per-

(106) Sono parole (siccome detto è) dell' arciduca Giovanni d'Austria. Vedi la FATTISPECIE, facc. 70.

chè con noi mai non furon essi nè fidi, nè leali, sì perchè mai non vennero nel paese nostro, nè si valsero dell' opera nostra, se non per ingannarci, e dispogliarci delle nostre migliori sostanze, e con questo sottometterci alla più schifosa servitù.

Fermate ben dunque nella vostra memoria che, se salvezza è da sperar finalmente per la dolente Italia, da altre menti, da altre mani, nè da altre opere venir non le può, che dalle vostre, amatissimi miei Compatrioti. Sia perciò in voi fermo e costante volere, imperterrito animo, e vera e fratellevole concordia ad unità, che, se i rettor vostri *non invigileranno al vostro bene senza alcuno estranio stimolo*, siccome già dissero gli stessi moderatori europei; voi medesimi perverrete quando che sia a potere *aver cura della vostra naturale independenza, e saran le istituzioni vostre guarentite contra le frequenti rivoluzioni, e le vostre proprietà inviolate*, secondochè anche bandirono quegli arbitri supremi (107).

E così, voi stessi essendo delle cose vostre i guardatori, nè i *Bentinck*, nè i *Nugent*, nè

(107) Fattispecie facc. 9.

altri così fatti lealissimi promettitori più non troveran lor conto a venirvi ad aggirare nel paese vostro medesimo; e con quel di voi stessi, nè eglino, nè altri loro pari più non saranno, siccome furono, per sì belle opere largamente guiderdonati dagl' italici rettori. Nè altresì i pagatori voi più sarete di tributi che l'odierna maggioranza straniera impose a' rimenati rettor vostri; nè di debiti che il più furono in Italia ammontati per saziare l' avidezza di altri dominatori, da' quali primierissimamente originarono tanti vostri mali, e massime quello, ch' è di tutti il maggiore, ed il più doloroso, cioè il vostro presente miserissimo stato.

Vero è che, qual che fosse delle somme sventure vostre la cagion primaria, non si sarebbe mai potuto, nè dovuto immaginare, non che credere, che sì fattamente in Vienna procedesse innanzi la durezza, e la ferità degli stranieri verso l' Italia, che, messe del tutto in non calere le più solenni già fatte promesse, tanto più quivi contro lei s'incrudelisse, quanto più era ella stata oppressa, e straziata ne' preteriti luttuosissimi suoi rivolgimenti. Di che più vera testimonianza forse dar non si potrebbe che quella, cioè che, quando ed in Vienna, e per tutta Europa con incessante opera si attendeva ad ammaestrar gli uomini nelle dottrine delle *legittime cose,* così per le signorie, come pe' rettor di quelle; allora appunto il congresso viennense con irrepugnabile testificazione dava una solennissima mentita in sul viso di que' dottrinatori, disfacendo tre *legittimissime* repubbliche d'Italia, e soprattutte la Veneta, la quale essendo stata sagacissimamente retta da sagacissimi rettori per lo spazio di quattordici secoli, tante qualità legittime in se stessa aveva, quante a pezza non avrebbene potute produrre in mezzo alcun de' suoi disfacitori d' oltremonti (108):

Or gli arbitri europei facciano pure a lor posta scombiccherar fogli a' loro ammaestratori di *legittime cose,* che, senza andar punto rinvergando le opere de' tempi andati, da soli

(108) E la legittima e pacifica sovranità de' Cavalier di Malta, e quella non meno legittima e pacifica della Repubblica di Ragusi perchè furon distrutte? Primieramente perchè erano amendune inermi e senza possa, e oltracciò perchè più oltraggioso divenisse il maresco potere della britanna signoria, e più prepotente quello terrestre dell' Austria, e più atto a tener l'Italia in suggezione.

questi esempli delle Repubbliche Italiche,
fuor di tutto giusto titolo disfatte in Vienna,
ogni uomo che stolto non sia del tutto, ma-
nifestissimamente dee poter conoscere che
generalmente, appo i possenti della terra,
queste *qualità legittime* altro veracemente
non importano, se non che *forza*, e *potere*.
E certissimamente, se i moderator supremi,
non alla forza, e al sommo poter loro, ma a
ciò che or nomasi *legittimo* nell' ordinamento
degli Stati avessero avuto alcun riguardo in
Vienna, le nostre pregiate Repubbliche sarebber tuttavia in fiore, non ostante che più
non fosse in quelle allora, nè *forza*, nè *poter*
veruno; così come per opposito elle distrutte
certamente non sarebbonsi, se *forza*, e *potere* avesser elle avuto a sostegno de' loro ir-
repugnabili diritti (109). I quali eran di tanto

(109) Nè mi si opponga che in servigio d' alcuno
altro Stato altramente operò quel congresso, perciocchè l' esser giusti gli uomini verso alcune genti, lor
non dà facoltà veruna d' essere men giusti, non che
del tutto ingiusti con altre. Oltre di che, per più piena
risposta, altre cose sarebber da toccare intorno a questo, ma ciò non dovendo, nè potendo io fare per al presente, serberommi questa fatica in altro più acconcio
tempo.

maggior valore, e per conseguente tanto più da servare illesi, quanto più grande era il numero degli uomini che n' eran posseditori. Che per certo nel disfacimento delle monarchie non ha quasi più che una famiglia la qual veramente sia per questo la sofferente, essendo ella dispogliata del poter supremo; laddove nella sovversion delle repubbliche, non pur tutti i rettor di quelle perdono i dignitosi uficj loro; ma, che è incomparabilmente più, l'intera popolazione viene ad esser sommamente dannificata, siccome quella che dall' assegnato, e parentevole suo reggimento trapassar dee sotto il carico delle guerreggiose, e dispendiose corti. Or questo è appunto il caso apparecchiato alle disfatte repubbliche d' Italia, e massime a quella che venne sotto straniera dominatrice signoria (110).

(110) E sarà veramente il proposito l'addur qui un passo, tratto da' discorsi di quell' impareggiabile statista del nostro Segretario Fiorentino, sopra la prima deca di T. Livio. « Ma sopra tutto (*egli dice nel bel* « *principio del* 2.° *lib. di quell' opera sua*) maravi- « gliosa cosa è a considerare quanta grandezza venne « Roma, poichè la si liberò de' suoi re. La ragione è « facile ad intendere, perchè non il bene particolare, « ma il bene comune è quello che fa grandi le città. « E senza dubbio questo ben comune non è osservato

Ed è quì opportunamente da soggiugnere che, posciachè questo sovvertimento di legittime cose in Italia, non ad utilità de' suoi abitatori, ma a danno lor gravissimo fu quivi operato, i dominator supremi seguirono in questo le svergognate tracce dello sbandito tiranno, quantunque già sì sovente, e con acerbità somma fosse egli stato per sì fatte inique opere

« se non nelle repubbliche, perchè tutto quello che fa
« a proposito suo si eseguisce, e quantunque e' torni in danno di questo o di quel privato, e' son tanti
« quelli per chi detto bene fa, che lo possono tirare
« innanzi contro alla disposizione di quelli pochi che
« ne fussino oppressi. Al contrario interviene quando
« vi è un principe, dove il più delle volte quello che
« fa per lui offende la città, e quello che fa per la città offende lui. Di modo che subito che nasce una ti-
« rannide sopra un viver libero, il manco male che
« ne risulta a quella città, è non andare più innanzi,
« nè crescere più in potenza, o in ricchezze; ma il
« più delle volte, anzi sempre interviene loro che le
« tornano indietro. E se la sorte facesse che vi sur-
« gesse un tiranno virtuoso, il quale per animo e per
« virtù d'arme ampliasse il dominio suo, non ne risulterebbe alcuna utilità a quella repubblica, ma a
« lui proprio, perchè e' non può onorare alcuno di
« quelli cittadini che sieno valenti e buoni, che egli
« tiranneggia, non volendo aver ad avere sospetto di
« loro. »

meritamente da loro stessi svillaneggiato, e vituperato. Vero è che a velare la turpitudine di queste, e di altre così fatte cose venne poi fuori, sotto religiosa e solenne apparenza, il patto della *Santa Colleganza*, nel quale par che si volesse far veduto al mondo, che le asseguite opere eran da reputare quasi come ordinamenti recati ad effetto per *delegazione della providenza divina*; laddove (sotto diverso titolo) altro ciò realmente non era in più cose, se·non che confermamento di quel che soleva fare (siccome testè noi dicemmo), e che segnatamente in Italia già fatto avea il Buonaparte: il quale se ebbe mai *delegazion divina*, quella per certo fu di dovere essere egli l'istrumento dell'effezion dell'ira d'Iddio sopra i mortali. A recar dunque le cose a oro, la sovversione delle Repubbliche d'Italia fu un atto d'usurpazione, e di spoglio abbominevole, il quale (per le cose da noi ampiamente mostrate in questi ragionameti) niun altro diritto, nè ragione potè avere, nè ebbe, che quello della forza, della violenza, e dell'ambiziosa cupidigia delle corti. Or *le verità sublimi che a noi mostra la religione eterna d'Iddio Salvadore* mai non fecero, nè doveron fare spalla a coteste iniquità, nè perchè s'invocasse la *Trinità Santissima*, nè perchè a' patti si desser *religiosi e santi* nomi, esser non poterono, nè in futuro esser mai non potranno le ree opere santificate. E render debbonsi ben sicuri gli eccelsi moderator della terra ch' eglino, non che agli onesti e probi uomini, anzi nè altresì agl' inonesti ed improbi mai persuader non potranno, che dar vogliasi principio ad una aurea età di legittime cose, dopo tante illegittime averne operate. Se in effetto, secondochè sonan le parole di que' supremi arbitri, è nel mondo una santa lega per le politiche bisogne, sien le mondane cose daddovero santamente, cioè dirittamente ordinate. E, tra tutte le santificazioni, fondamenti le altre (perchè certissimamente questa n' è la base) l'independenza d' ogni nazione, e massime di quelle che per cento giusti titoli da ciascun' altra sono, e debbon essere affatto distinte. Questa sarà vera giustizia, e santità: il resto, quando ciò non abbia luogo, altro esser non potrà, se non che un monte di cose ipocrite, interessate, ed assurde.

E, per vigor di questi santissimi e venerandi principj, io dunque anche dico che i diritti delle pacifiche repubbliche nostre, es-

sendo vetusta ad irrepugnabil cosa , non venner punto meno, nè furon distrutti , perchè
la forza , e la violenza gli usurpasse ; e po-
tran perciò ad opportuno tempo debitamente
rinvivire. Anzi , se i reggitor supremi della
Santa Colleganza, non a parole, ma per opera , e con begli esempli mostrar volessero al
mondo *l' affettuosa sollecitudine* da che essi
affermano d' esser mossi , perchè le genti
cristiane *ogni dì più si rassodino ne' principj,
e nell' uso de' doveri che insegnò agli uomini
il divin Salvadore ;* ritornar dovrebbono essi
medesimi (se tuttavia di altro bene esser non
volesser eglino largitori verso la dolente Italia) nel pristino stato le repubbliche sue. Che
posciachè eglino dicono che *gli uomini sono
ordinati di tenersi per fratelli ,* e che oltracciò verso le dominate genti *si tengon essi per
padri di famiglia* (111) , tanto più solleciti
e' dovrebbon essere a restaurar quelle repubbliche che non furono essi operosi a riporre
in seggia gli antichi sovvertiti re; quanto è
più da preporre l' utilità d' infinite a quella
di pochissime persone.

(111) Questo , e tutti gli altri preallegati passi, stampati in carattere corsivo, sono tratti dal patto della
Santa Colleganza. Vedi la FATTISPECIE , facc. 8.

Ma troppo vane speranze sono queste. Apertissimamente infino a quì si vide che nell' ordinar gli Stati (quali che fosser le già fatte promesse, ed altresì i santi, non che i mondani statuiti patti), non già al bene de' più degli uomini, nè de' minori Stati, ma a quello di pochissime dominatrici famiglie, e delle più vaste europee signorie si attese con ogni sollecitudine, e con ogni cura. Nè io (volendo dalle preterite giudicar delle future cose) posso già farmi a credere che questa nuova vaghezza del voler santificare le politiche opere, sia di tanta forza appo i principali dominator della terra, che abbian essi a mutar consiglio intorno a questo, e massime per rispetto alla nostra dolente Italia. Che nel vero delle cose sue non altramenti si suol fare stima nelle oltramontane terre, che come d'un patrimonio dell' universalità delle corti europee; secondochè ci si mostrò troppo bene per le sante opere viennensi, che furon degno parto delle precedenti parigine (112). Il perchè mai non sarà

(112) Che peccato! che, per acconciare insieme le corti di Baviera e di Bade, tra lor quistionanti ora per la retribuzione de' già asseguiti austriaci ingrandimenti; non sia in Italia un' altra repubblica, rimasa

onesto cittadin d' Italia cui fuggir possa la memoria delle ingiurie, degli oltraggi, e del vilipendio che ricevè allora la nazione nostra.

Ma che? e potea forse l'opera avere altro effetto, nel bollor di tante cupidigie, nella presuntuosità di tanti vieti e recenti titoli, e di tante guerresche opere, nelle quali ciascun presumeva d' aver cooperato più che ciascun altro al felice successo dell' impresa? e con questo gli arbitri supremi essendo potentissimi, vani per le liete vittorie, datori e prenditori, giudici e parte? e per converso l'Italia stretta in duri ceppi, vilipesa, e non voluta nè eziandio ascoltare ne' suoi giustissimi richiami?

Ed in effetto alcun non potrà negare che di tutti i popoli europei a solo solo l'italico, siccome a quello che per utilità de' forestieri è imperiosamente tenuto diviso in piccole non collegate signorie, non fu conceduto d' avere alcuno in Vienna il quale si desse cura di far

fuor delle unghie reali! O, sarebbe proprio una manna celeste pe' nostri sommi pesamondi europei! In nome della Santissima Trinità paternamente s' aggiogherebbono all' aratro tedesco quelle altre italiche bestie, e ogni quistione e ogni differenza, senza far motto o zitto veruno, sarebbe tosto terminata.

servare illesi i diritti, e l' independenza nostra. Ben egli è vero ch' eran quivi i ministri
de' ristaurati rettor d'Italia; ma, nella tenuità
del potere e dell' autorità loro, avean già
quelli troppo noiose brighe, e troppi osta-
coli a far reintegrare delle perdute possessioni i lor non temuti signori, da potere anch'
eglino attendere (se pure avesser essi voluto,
o lor fossesi ciò permesso) a procacciar salvezza all' universalità degl' italici cittadini.

Come che dunque queste cose d'Italia sien
considerate, apertissimamente sempre noi
dobbiam vedere, amati miei Compatrioti, che
discender conviensi a questa conclusione, cioè
che dal nostro non esser collegati, e per conseguente dal non esser congiunte le italiche
forze procedettero, e procederan sempremai
tutte le disavventure, e le miserie nostre;
perciocchè, infinattantochè a quell' opera salutifera non sia dato effetto, l' Italia riscuoter
per certo non potrassi dal giogo degli strani,
e dallo svilimento nel quale ella è or da loro
crudelmente tenuta.

Nè 'sol tanto in patria, ma molto eziandio
fuor di quella sentir poterono i perniziosi effetti di questo miserissimo stato tutti quegl'
Italiani cui di far viaggi in estranie terre, e

anche quivi dimorare sia già venuto caso. E
quale in effetto è la straniera gente che, se non
abbia talvolta in pregio un uom d'Italia per
le sue particolari buone qualità, pel suo sapere, o per altro, il possa stimare, o anzi
non abbialo in disistima, e non facciane conto
veruno come Italiano, cioè come uomo ap-
partenente a popolo diviso, e smozzicato in
piccoli Stati, e volentier sofferente ed abitua-
to ad esser sottomesso a genti straniere, ed in
somma che non tiene, e che di lunghissimi
tempi davanti non tenne alcun grado nel mondo? E se altri parlar vollesse del conto che si
suol fare de' tapini ministrelli italici, tenuti
appresso alle corti forestiere da' rettor nostri,
sarebbe proprio una pietà! E del come ab-
biansi in pregio i rettori stessi ce ne diè, siccome di sopra mostrammo, uno, non per
certo quistionevole saggio il nostro amorevo-
lissimo messer *Castlereagh* (113).

Ora che aggiugner debbo io a tutto questo?
E che giova il parlar più lungamente, dietro
a tutto quello che per me innanzi si disse?
Voi ben vedeste, amatissimi miei Compatrioti, come dagli arbitri europei voi foste

(113) Vedi RAG. II, facc. 286, e nota 33.

crudelmente, e dispregevolmente trattatti. Le ampliazioni, l'assetto, e gli agi degli Stati d'Europa furon pressochè tutti recati ad effetto a solo sconcio, e a solo danno della patria vostra. Di tutti i popoli europei soli voi siete oltraggiosamente dominati da stranieri, e siete divisi, e schiavi; e tuttavia, se non soli voi, voi per certo men che gli altri, esser così non dovreste, siccome quelli che abitate una contrada al tutto dalle altre spartita e per monti e per mari, e parlate uno stesso linguaggio, e siete cultori d'una stessa religione, ed universalmente avete una stessa indole, e i medesimi costumi, e per sublimità d'ingegno certamente voi da meno non siete che alcuna altra gente. Ed in somma soli voi, mercè dell'avarizia e delle ambiziose voglie de' forestieri, esser non potete ancora fuor di fanciullo, nè esser degli Stati vostri i reggitori, nè i guardatori delle vostre contrade nè di voi stessi, avvegnachè a forse più che diciannove milioni d'abitatori aggiunga il numero delle genti vostre. Di stranieri *ceffoirsuti* (siccome molto acconciamente li nomava il nostro Alfieri) sono sempre ingombre le amenissime vostre contrade, e le vostre belle terre; e voi poteste perciò ben coñoscere per lunghissima e dolorosa esperienza che, dove stanziano così fatte generazioni d'uomini, quivi sempre la miseria e lo svilimento annera e disfigura tutti i volti, quivi mai non lampeggia negli occhi degli uomini la giovialità, e se pur quivi è quiete, quella quiete è che dal servaggio non si disparte, se non quando, infranti i duri ceppi, volgonsi alla per fine a metter quello in fondo le genti suggettate.

La gentilissima nostra favella, che per dignità, e per nervo punto non cede alle due egregie lingue degli avoli nostri, e che amendune quelle vince per ricchezza, per purità di suoni, e per dolcezza; voi potete vederla, siccome in più luoghi di quest'opera io già dissi (114), ogni dì più insozzare e imbarberire, che non è già questa la prima volta che quei d'oltremonti (i quali quell' uomo di grande italico cuore di Giulio II chiamava barbari (115)) del guastarci il linguaggio ne fosser cortesi. E (il ripeterò anche un' altra

(114) E segnatamente nella Fattisp. facc. 36, nota 26; e nel fine del Rag. II; ed in questo, facc. 25 e 26, nota 15.

(115) Vedi il Guicciardini, Stor. d' It. lib. IX.

volta) dello aver già i nostri maggiori fatto *rifulger nell' Europa, ancor selvaggia e barbara, la luce della civiltà, delle scienze, e della moralità* (116) sarete voi generosamente ricambiati con la tenebrosa diffusione dell' ignoranza, e della barbarie; sì perchè i rettor vostri, nel trepidante e dispendioso stato in cui sono essi costretti a rimanersi, ben ad altre cure che a quelle degl' italici studj vacare or dovranno, e potranno; sì perchè gli *aristocrati* stranieri, non già col sapere e con la dottrina della nazion dominata, ma con la maggiore o minor quantità de' tributi che può quella pagare, misurar sogliono la grandezza loro.

E la libertà, cosa divina, che molte genti europee hanno già a godimento, e la quale ogni uomo che dappoco, vile, dissennato, o contaminato da vanitose voglie o da vizj già non sia, si strugge di conseguire, siccome quella a rispetto di cui ogni altro terreno bene è una beffe; la libertà, io dico, non sarà certo da' forestieri a voi largita, perciocchè troppo bene essi sanno che affratellar mai quella non potrebbesi con l' aliena signoria,

(116) Vedi la FATTISPECIE, facc. 70.

se pur, come io più volte dissi, cosa patria divenir questa non volesse.

Ed in somma, perchè l' Austria, per ampia reciprocazione delle ampliazioni russe, aver potesse ogni maggioranza nella dominazione italica, e perchè l' Inghilterra, in guiderdone della fede non servataci, e per migliore acconcio degl' immensi suoi mareschi conquisti, fosse posseditrice delle belle Isole Ioniche, soli voi foste trattati in Vienna come la feccia de' popoli europei; e perciò soli voi, quantunque siate sì rinomati per ogni sorte gloria, grandezza, e splendore di tanti, e tanti successivi vostri chiarissimi maggiori, e voi stessi altresì per valore, ingegno, e sapere da meno non siate che alcuna altra gente, pur foste imperiosamente sottomessi a straniera suggezione, e per conseguente soli voi in Europa (bassate il viso, Italiani, e fate velo agli occhi vostri con la mano) or vedete il colmo dello svilimento, e dell'abbiezione, e quasi pare che sclamar dovreste, come facceva quel valoroso Matatia : *Or che ci giova oggimai il vivere* (117)?

Ma tuttavia, non già per tutto questo voi, miei

(117) Vedi di sopra, nota 98, facc. 148.

venerati Compatrioti, fuggir l'animo lasciar
vi dovete; ed anzi io per me dico che in questa stagione appunto sia da rinvigorir più che
mai, e prender cuore ed ardire pel fine, ed
adempimento dell' opera salutifera, e glorio-
sissima del trar la patria de' mali sommi che
l' opprimono; perciocchè *gli errori stessi
degli uomini*, (secondochè, in proposito non
troppo dissimile a questo, disse un elegantissimo scrittor nostro) *quando sono venuti
in estremo di goffezza e di sconcio, con la turpitudine loro ingenerando vergogna, fannoli
risentire, ed avvisare il fondo nel quale sono
caduti: di che eglino si recano a pensare di
rimettersi in via, e di risalire nel pristino
stato* (118).

(118) Lo scrittore egregio di cui io quì ragiono, è
il sig. Abate Antonio Cesari da Verona, meritamente
altre volte menzionato in quest' opera mia; ed al quale,
per saper d'italica lingua, io per me non credo che
alcun altro or si possa comparare: nè in questo giudicio mio il legame dell' amistà che a lui mi strigne,
non fammi certamente gabbo alla ragione. Egli mise
in mostra l'allegata sensatissima sua sentenza nel proe-
mio d'una delle molte, ed elegantissime opere sue,
la quale dal nome d'una chiesina del Vannetti egli in-
titolò LE GRAZIE, comechè io estimi che molto meglio
quel nome le si convenga, perchè forse le più delle

E tanto è più da perseverare risolutissima-
mente in questa patria impresa, quanto assai
maggiore che mai non fosse, è ora negl' italici petti l' onorata voglia e l' ardore di veder pur una volta andare in dileguo la suggezione straniera la quale oppressa la bella
patria nostra; sì che dir si può con somma
ragione, questo esser veramente solo il bene
che noi cavato abbiamo da' mali inenarrabili
delle ultime nostre calamitose vicende. Ed è
perciò da tenerlo tanto più caro, e da farne
tanto maggior conto, non solamente perchè
non venga meno, anzi perchè vie più pren-
da vigore, e si rassodi; quanto fu più gran-

più belle grazie di questa classica lingua sono in quella
maestrevolmente raccolte. Il sig. Abate Cesari è altresì
lo scrittor nostro che più d'ogni altro italico scrittore,
procacciò a questi anni passati, e tuttavia procaccia
che questo stesso dolcissimo linguaggio nostro sia mon-
dato delle straniere schifezze che lo deturpano, e torni
alla natia purità, ed eleganza sua, siccome io anche
dissi nel RAG. I (a). Molte pregiate opere egli compose
per far che questa cosa avesse effetto, ma di tutte la più
precellente, cioè quella delle ampliazioni che, col sussidio di altri valenti Italiani, egli fece al Vocabolario
della Crusca, è veramente dessa.

(a) Vol. I, facc. 219, annotaz. 116.

2. 12

de il prezzo che costocci, e costa tuttavia. E
che sia cotesto bene così preziosa cosa, come
io dico, ben si può conoscere anche a questo, che appunto a disperdere e spegner quel
patrio spirito di colleganza e d' affratellamento il quale par finalmente che incominci
ad accendere pressochè tutte le italiche menti,
al tutto è volta ogni cura, ed ogni studio de'
forestieri in Italia. Di che aver si può per sicuro che assai meno impensieriti, ed affan-
nosi eglino sarebbono, se anzi una poderosa
minacciante oste nostra, che la latente progressiva vampa di quello avesser essi a com-
battere.

Fu somma sventura nostra che a questi passati anni le italiche cose, quantunque sotto-
messe alla napoleonica dominazione, mai non
fosser del tutto rette da natie genti, perciocc-
chè ad altro termine ora per certo sarebber
quelle nel paese nostro. Ma se (gli stranieri
non mutando consiglio) alcuno non surgerà
tra gl'italici rettori il qual tolga valentemente
a far sì che, di vile ancella di forestieri, torni
donna e reina de' suoi la nostra bella Italia;
io per me non sono al tutto fuor di speranza
che non abbia a sortire anch'ella alla per fine
un novello *Washington*, il quale a questa glo-

riosa opera sappia dare il desiato compimento; solo però che voi, miei carissimi Compatrioti, siate fermi, animosi, concordi, e perseveranti nel volere le giustissime cose che, a solo pro de' forestieri, vi furon barbaramente ricusate, quantunque assai di grado, in apparenza, fosservi da loro stessi state innanzi promesse (119).

Noi sappiam pur bene che alcuni pochi italici statisti e cortigiani, siccome quelli che della loro servile grandigia sono molto più teneri, che dell' onore, della gloria, e del bene del paese loro, gareggian con gli strani in questa rea opera del tener l'Italia in ceppi; pur, se voi sarete saldi e costanti nella vo-

(119) Favellando della Toscana, diceva de' suoi dì il gran Segretario Fiorentino : « Facilmente da un uomo prudente, e che delle antiche civiltà avesse cognizione, vi s'introdurrebbe un viver civile. Ma lo « infortunio suo è stato tanto grande, che infino a « questi tempi non ha sortito alcun uomo che l' abbia « potuto, o saputo fare (a). » E noi possiamo soggiugnere ch' è ora di gran lunga maggiore questo infortunio, perchè nè eziandio infino a qui, nè la Toscana, nè alcun' altra italica contrada non sortiron punto un così fatto uomo.

(a) Disc. sopra la prim. deca di Tit. Liv., lib. I, 55.

2. 12 *

stra onorata impresa, le trame, e i malvagi disegni di costoro (che voi però reputar sempre dovete come i più perfidi, e svergognati nimici della patria nostra) saranno affatto vani e verranno a niente.

In somma non ha quasi cosa che vietar possa ad una popolazione la quale è sì numerosa, chè in lei s' annoverano pressochè dugento centinaia di migliaia di persone, e la quale, per la positura delle terre e de' mari suoi, può reputarsi forse il doppio più forte ch' ella per se stessa non sia; non ha quasi cosa, io ripeto, che vietar le possa il divenir non suggetta, se ella voglia.

E perciocchè molto aperto si potè conoscere, per le cose ragionate, che il germe del valor degli avoli vivido è ancor del tutto negl' italici petti, sì vi cred' io potere esortare, venendo finalmente al conchiudere, a non voler mai dimenticare tutto ciò che vi si bandì con Parola e Pura, ed Immutabile, e Sacra, e Celeste; quando niun' altra cosa non chiedeasivi, se non solamente che Foste Italiani; quando l' Investigamento, e le Punizioni al tutto si dimenticavano; quando anzi assai di grado non pure Aiuto, anzi Libertà vi si prometteva; ed in brieve quando, in nome dell' imperador Francesco suo fratello, l' arciduca Giovanni d' Austria, conchiudendo anch' egli quel bello Invito che a lui dettava LA VOCE DELLA VERITÀ E DELLA GIUSTIZIA, altamente così vi diceva:

« Voi, Popoli di Milano, di Toscana, di
« Venezia, e del Piemonte; voi tutti, Popoli
« d' Italia, riducete alla memoria vostra i
« tempi andati, che eran pur sì belli! Or
« que' tempi di pace, e di felicità potrebbon
« tornare ancora, e forse più belli che altra
« volta non furono. Ma conviensi che *voi*
« *cooperiate a rimenarli*; conviensi che *voi*
« *ne siate degni* ».

« ITALIANI, D' ALTRO NON È BISOGNO CHE
« DI VOLERE, E VOI SARETE NOVELLAMENTE
« ITALIANI, COSÌ GLORIOSI COME I VOSTRI
« AVOLI; COSÌ FELICI E CONTENTI, COME VOI
« FOSTE NE' BEGLI ANDATI TEMPI (120). »

(120) Vedi la FATTISPECIE, facc. 66, e segg.

FINE DEL RAGIONAMENTO TERZO.

RAGIONAMENTO IV.

De' capolavori di scultura e di pittu-
ra, e delle altre cose dalla Francia
rendute all' Italia.

OR non è troppo disgradevol cosa (qui forse
alcun mi dirà) il nuovamente ragionar di
questo in Francia? E non se ne seppe, e
disse qui forse più che mestier non faceva,
da non dover più innanzi rimestar questa materia? L' opera star potrebbe pur così come
altri dice, se a soli i Francesi si volesse aver
l'occhio; ma io che queste cose tesso, non
solamente pe' presenti uomini d' Italia (i più
de' quali nè eziandio tutto intorno a ciò non
seppero, nè sanno), ma anche per gli Italici
futuri; senza mio biasimo lasciar non potrei
di toccare alcune cose sopra questo fatto,
il qual è di molto maggior momento che
l'uom forse non crede, per la dolente Italia,
e massime per Roma. Alla qual cosa fare io
sono altresì tanto più stimolato, quanto fu

maggiore il carico che già da molti a me dar
si presunse in Parigi , per lo avere io (e certo
il più che per me si potesse) dato mano a que'
miei onorati Compatrioti che nel 1815 venner quì d' Italia a far richiamo a' collegati sovrani , acciocchè le sopraddette cose fosser,
rendute al paese nostro. E' pareva, a detto
di costoro, ch' io già da molti anni in quà
stanziato in Parigi, non pur dovessi non in-
tramettermi punto di sì fatte cose , ma fare
anzi, quanto in me stesse, che avesse l' opera
tutto contrario effetto. E non volevasi por
mente ch' io ebbi il natale in Italia; che non
venni in Francia, nè per far profitti, nè per
arricchire; che sarei da reputare il più scorato ed il più vile degli uomini, se, innanzi
che operare il bene pe' miei paesani, io lor
procacciassi il male ; che a me mai non cadde
nell' animo ch' io rinunziar dovessi all' essere
d' Italiano ; e al postutto che per cosa del
mondo io divenir non vorrei straniero della
patria mia (1).

(1) Ecco quì la ragione che me mosse a lasciar gli
agi, e gli ozj della vita privata, per dover venire in
Francia. Quando nel 1797 l'oste francese fu pervenuta in Roma, ed ebbe quivi sovvertita la dominazion
pontificale, il comun di Frosinone (terra onde io sono

Ma senza distendermi più che tanto in preamboli, io incontanente metterò mano all'

natio) diputò me a dovere essere in Roma appresso il supremo condottier francese, e far verso lui quegli ufìcj da' quali non si poteva allor mancare, chi avesse voluto fuggir molestie, e danni. Io andai dunque a Roma per questo, e, della commissione espeditomi, io voleva tornarmene a' miei piccoli traffici in Frosinone; ma, sollecitato a dover, quanto in me fosse, fare aiuto alla patria in quel frangente, io non rifiutai d' essere annoverato tra la persone de' consigli legislativi romani (composti in grandissima parte di specchiata, e dotta gente), e per questo io misi in abbandono ogni mio affar privato. Che danni, e che mali me ne seguissero infin di que' tempi, e per opera di Cui, io non istarò qui a metterlo in mostra, nè a farne querimonie. Ben dirò tuttavia che, andate poi in conquasso, siccome ognun sa, le cose de' Francesi in Italia, e costretti essi a votar quelle belle contrade, io e moltissimi altri miei Compatrioti ce ne venimmo con esso loro in Francia, per tema che l' odio che 'l popol nostro lor portava allora, perchè le opere loro non erano state punto alle promesse rispondenti, non si volgesse sopra noi. Ma, quanto è a me, troppo ben sanno i miei Compatrioti ch' io, in patria e fuor di quella, fui sempre accerrimamente avverso a tutti coloro che l' oppressero, e straziarono. E, per non esser testimone di tante sue successive sciagure, io elessi di rimanermene in istraniera terra, postergato del tutto ogni mio privato interesse. E, se quest' opera fosse

opera, e dirizzando in prima in prima il ragionare, non già a tutti i Francesi in generale, che per certo io non ferirei nel segno, ma a quelli sol tanto che o furon della lor rivoluzione operatori, o quella seguirono e seguono; io lor chiederò se eglino (i quali, invocando le vittorie e i patti, assai più che gli altri levaron alto le grida contro queste restituzioni) riduconsi mai a memoria tutte le lusinghevoli cose che successivamente furon da lor promesse a' popoli europei? E' non sarebbe opera da potere espedire in poche facce di scrittura, se solo quello io recar quì ne volessi che si legge ne' ponderosi testi del *Monitor* parigino; ma io lascerò così fatto carico a cui avesse vaghezza d' imporlosi, che di quelle sì promettenti, e sì aperte testuali cose assai saran per noi soli due, o tre brani; i quali però, se io non sono ingannato, staranno quì propiamente dipinti.

scritta per dovere tener ragione di me e delle faccende mie, più altre cose da dir quì sarebbono; ma, altro essendo il fine che in essa io mi proposi (siccome appare per tutto quello che fu messo in disamina ne' precedenti ragionamenti), io non dironne più innanzi che detto me n'abbia, e che detto in alcuna maniera io non avrei, se a discolparmi d'un ingiusto carico io non fossi stato sforzato.

Venga dunque primieramente in mostra ciò che una delle più solenni assemblee della nazion francese, nella sua costituzione del 1891, solennissimamente in nome di lei prometteva a tutte le altre nazioni della terra, così dicendo :

« La nazion francese rinunzia all' impresa « del guerreggiare per far conquisti, e MAI « non si varrà delle sue forze contro la li-« bertà d' alcun popolo (2). »

. E, come se questo bello, onorevole, e commendabil patto che la nazion francese, secondo i veri ordinamenti liberi, a se stessa imponeva, non fosse stato a sufficienza; quando poscia la Francia s' apprestava a romper guerra a' sovrani che, sollecitati da fuorusciti francesi, avevan già congregati più eserciti verso le frontiere sue, la testè menzionata valorosissima assemblea, rammemorato acconciamente quello stesso patto suo verso gli altri popoli, così bellamente il rifioriva :

« Questo è il voto sacro per via del quale « noi abbiam collegata la felicità nostra alla

(2) *Monitor* di Parigi, nel supplem. al fogl. de' 16 di settembre 1791, facc. 5, col. 3.

« felicità di tutti i popoli; e Noi vi sarem
« Fedeli ».

Divisate poi tutte le ragioni che stimola-
vano il popolo francese a correre all' arme,
e ad entrare armata mano nelle terre straniere, l' assemblea medesima con queste altre fiduciali promesse rattemperava l' ansietà, ed il timor de' popoli per rispetto a questo :

« Nondimeno la nazion francese non ces-
« serà punto di tener per amici gli abitatori
« de' paesi occupati da' ribelli, e retti da
« principi che lor fanno spalla. I pacifici cit-
« tadini nelle cui terre gli eserciti suoi per-
« verranno, non saran per niun modo ni-
« mici per lei; e non saranno nè altresi
« Sudditi Suoi. La forza pubblica onde la
« nazion francese diverrà per brevissimo spa-
« zio di tempo disponitrice, non sarà messa
« in atto se per non servar le cose in quiete,
« e le leggi in vigore. Ella, ch' è altiera de'
« diritti di natura da lei recuperati, non ol-
« traggerà punto gli altri uomini in questo;
« nè ella, sollecita della sua independenza,
« e deliberata a sommerger piuttosto se stes-
« sa sotto le sue proprie rovine, che sop-
« portare che altri osasse imporle leggi, o

« sol tanto le sue guarentirle ; *non genererà*
« *Nocimento Alcuno all' Independenza delle*
« *altre nazioni.* I suoi soldati così nelle stra-
« nie contrade si porteranno , come e' fareb-
« bono nelle loro proprie, se a venirne quivi
« alle mani fosser essi sforzati. I mali che l'
« oste sua involontariamente operati avesse
« verso i cittadini , saranno ristorati. L' asilo
« ch' ella apre a' forestieri , non sarà punto
« chiuso agli abitator de' paesi i cui rettori
« avran lei costretta ad assalirli : eglino avran-
« no appresso lei un sicuro rifugio. Ella mo-
« strar saprà all' Europa l' alta maraviglia
« d'una nazione veramente libera, fedele agli
« ordinamenti della giustizia anche per mez-
« zo gli scompigli della guerra , e avente in
« reverenza da per tutto , in ogni tempo , e
« verso tutti gli uomini que' Diritti che per
« tutti sono Pari (3) ».

Se da queste generalità trapassar noi poscia volessimo a particolareggiare ne' soli casi
nostri , cioè a ripeter qui tutte quelle lusin-
ghevolissime cose che , a nome della nazion
francese , ci fur dette , promesse , e in alcun
modo poi non attenute dall' eroe confinato a

(3) *Monitor* med. , fogl. de' 30 di dicembre 1791.

Sant' Elena, e dalla seguace sua turba ; non potrebbesi mai por fine alle parole, volendo sol tanto dirne alcuna parte. Pure a me pare che lasciar non si debba di addurne quì uno o due saggi, perchè sieno pruova di ciò ch' io dico. Fra tante altre attrattive e gradevoli cose, dicevaci dunque in Cherasco messer Buonaparte nell' aprile del 1796 :

« Popoli d' Italia, l'oste francese viene ad « infragner le vostre catene : il popolo fran- « cese è l' amico di tutti popoli : fatevi in- « contro a quella pur fiducialmente : *le vo- « stre proprietà*, la religion vostra, e le vo- « stre costumanze saran servate illese. Noi « guerreggeremo da nimici generosi, ed al- « tro non piglierem per mira che' tiranni che « vi suggettano (4) ».

E seguendo egli il suo bandire, ed in Mi- lano nel maggio susseguente favellando a' suoi soldati, con questi alri mendaci blandi- menti andava poi ciurmando gl' Italiani quel misleale, ed iniquo uomo :

« Ma che i popoli vivan senza alcuna in- « quietezza ; noi siamo amici a tutti loro, e

(4) *Monit.*, fogl. de' 28 del mese di *fiorile*, an. IV.

« più spezialmente a' descendenti de' Bruti,
« degli Scipioni, e de' grandi uomini che noi
« abbiam tolto ad imitare. Sarà frutto delle
« vostre vittorie il ritornare nel pristino stato
« il Capitolio; il rizzar quivi con onore lè
« statue degli eroi che dierongli fama; e 'l
« suscitare il popolo romano, infingardito
« per molti secoli di servaggio. Queste me-
« desime vittorie vostre diverranno un' era
« pe' nostri posteri. E gloria vi sarà l' aver
« fatto mutar sembianza alla più bella parte
« d' Europa (5) ».

Io non procederò più innanzi nell' alle-
gare, avvegnachè, come è già detto, io sarei veramente infinito, se tutto quello che
addurre io potrei, recar quì volessi. Ma sì
sono chiare, e manifeste le soprammento-
vate cose, e sì risolutamente promesse, che
non fa punto bisogno; nè di alcuna chiosa
per diciferarle, nè di altre pruove, perchè
sieno fortificate. Fatto sta che, se conformi
alle parole, e alle promesse fossero state le
opere de' Francesi in Italia, certissimamente
ineffabile, cordialissima, ed eterna stata sarebbe verso loro la gratitudine, non meno de'

(5) Ivi, fogl. de' 14 del mese di *pratile*, an. IV.

presenti, che degl'Italici futuri. Ma tutto il mondo sa, e particolarmente i Francesi stessi, a pari di noi, ben sanno come fosser menate le cose, durante la stanza loro nel paese nostro. Nè io quì, acconciamente ciò rammemorando, starò nondimeno a far loro intempestivi rimprocci, e anche per non più rincrudir così le tante malsaldate piaghe de' miei Compatrioti.

Ben io però di dire lasciar non posso che cosa per certo non è da poter pazientemente comportare, il vederci (dietro a tutto ciò) uscir contro a guerra rotta quegli stessi uomini i quali furon verso noi sì larghi promettitori; e, non ostante tutte quelle lor solenni parole, gittarci in sul viso le vittorie, e i patti. Or come (io chieggo) possonsi appropiare al popolo italiano le vittorie che il più contro gli Austriaci acquistarono i Francesi in Italia? E perchè a danno di quello stesso popolo tornar doveano i patti che i Francesi fermarono con quegl'italici reggitori ch'essi volevan sovvertire, e ch'eran da lor chiamati *tiranni?* Così dunque *la nazion francese rinunziava all'impresa del guerreggiare per far conquisti?* Così aveva ella altresì *collegata la felicità sua alla felicità di tutti*

i popoli? E per così fatta guisa *eravi ella fedele* (6)?

Nè io tuttavia, per rispetto a queste promesse, star voglio tanto alla dura, che si dovesse eziandio allor presumere che, secondo
le generose anticipazioni di quella celeberrima assemblea francese, anche *i mali che l'oste
sua involontariamente operati avesse verso i
cittadini*, esser dovessero *ristorati*. Io porto anzi fermissima opinione che, non pur di
sì fatti mali non fosse da ristorar cosa del
mondo, ma che le spese che facesser bisogno
a recare ad effetto l'opera della libertà, si
dovessero a' Francesi compensar largamente.
Noi possiam però per questo starcene pure in
quieto e riposato animo, che, quantunque le
opere loro in Italia non fosser per certo quelle della libertà, essi seppero tuttavia sì ben

(6) Senzachè potrebbesi anche agevolmente mostrare che que' vantati patti non essendo mai stati attenu-
ti, non erano, nè sono più di alcun valore. Ed è da
veder segnatamente nel fine del RAG. I (facc. 224, e
segg.) come si attenesser le condizioni, quantunque
iniquissime, che s'imposero all' infelice Pio VI, e come quelle esser possano meritamente allegate, per rispetto a' capolavori tolti a Roma, e ad altre cose quivi
successivamente operate.

fare, che a noi mai rimorder non dovrà la coscienza del non averle lor compiutamente ristorate. Comunque sì sia, io ho piena certezza, questo non esser punto quello che da lor più rendesse avversi gli animi degl' Italiani. E non niego io già, così dicendo, che cosa non sia veramente spietata il disterminar così le popolazioni per via di onerosissimi tributi, di balzelli, e di prede; ma ben io voglio dire che, cessato poi il furor delle violenze, e rimenate le cose, se non nel pristino stato, almeno a men gravose esazioni, i danni si van passo passo ristorando, e alla per fine da' noiosi pensieri de' passati mali sono le menti degli uomini quasi del tutto rimosse.

Ma ciò non avviene affatto di quelle cose la cui perdita reca le nazioni a onta e svilimento, e la cui rimembranza tor via mai poscia non puossi interamente dall' animo de' perdenti. Così l' avere i Francesi con imperativi modi vincolato gl' Italiani a dover parlare la lingua francese, perchè con diliberato consiglio avevan essi statuito di guastare, e disperder la nostra; così l' avere eglino già dispogliata, ed il volere anche più dispogliar l' Italia de' più perfetti capola-

vori da lei posseduti, e ch' erano in gran
parte esimie opere de' nostri sommi artefici;
e così l' avere essi anche altro verso noi operato, ch' io non istarò quì a divisare, eran
cose che mai con pacato animo, nè digru-
mare, nè sgozzar sarebbonsi potute da alcuno uom d' Italia che non fosse affatto di
vilissimo cuore, ed abbietto (7). E i Francesi

(7) Il dottor Corona, egregio medico romano; uomo
d'eccellente, e vero italico cuore; amador sincero della
comune nostra patria; venuto anch' egli in Francia
nelle preterite dolorose vicende del paese nostro; e
passato di questa vita in Parigi nel 1817, più volte a
me disse che, avendo egli un giorno dovuto accompa-
gnare una gentildonna romana che volle andare a vedere il museo parigino; intervenne caso, come prima
ella fu quivi pervenuta, che riempiè lui ad una ora
d' ammirazione, di tenerezza, e di compassione. L'o-
norata donna riveggendo in istraniera terra le più pregiate opere di scultura, e di pittura che abbellivano
altra volta la sua cara Roma, tanto ne fu commossa,
e tanto il dolor la vinse, che tutta misvenne. Ed egli
molto poi si dovè penare per rimenarla, quantunque
in carrozza, al luogo dove era essa alloggiata. Or io
qui soggiugnerò per rispetto a questo, che dimorato
io già era pressochè quindici anni in Parigi, quando,
nel 1815, le più di quelle egregie cose furon rendute
all' Italia; ma tuttavia solo da prima quel tempo io
misi piede nel museo francese, giacchè mai negli anni

onesti e dabbene, e massime quelli che della libertà si mostran sì teneri amadori impugnar certissimamente a me non potranno che tutto cotesto non era miga *un collegare la felicità loro alla nostra*, secondo quelle lusinghevoli non attenute promesse; ma senza fallo uno svilire, e un abbiettar crudelmente gl' Italiani, e l' Italia per dar più polso alla propria vanità.

E che ha in effetto di più duro e più crudele per una nazione, che l'esser voluta forzare a lasciar disperdere la sua dolcissima favella, da lei maestrevolmente formata, e del tutto acconcia al sottile, ed armonico udir suo; per doverne ella parlare una straniera, che mai pienamente le si potrebbe convenire? Queste son cose da tracciarle, ed imprenderle le barbare genti, e non già le incivilite. Che avrebbon detto i Francesi, se i Russi, quando dominaron Parigi, avesser

precedenti io non avea avuto cuore d'andar quivi a vedere lo scorno, e l'onta della patria mia. I Francesi sogliono essere anche molto teneri dell' onor della loro; ed io, che in questo sommamente lor fo plauso, creder debbo che, per giusta reciprocazione, essi non possano meritamente non lodare ogni uomo d'altra nazione il qual abbia una simigliante tenerezza per la patria sua.

voluto che quì si parlasse russo ne' tribunali, e che in linguaggio russo fosser distesi i contratti, e le altre pubbliche scritture? Senza fallo (e meritamente, se così fosse stata l' opera) che que' messeri eran barbari, e che perciò non era da maravigliarsi che ogni cosa volesser essi dà per tutto imbarberire. Or io per me dico, gli uomini non esser punto da chiamar barbari, perchè essi abitino più l'una che l'altra europea contrada, ma sì bene perchè egli operino piuttosto le tali, che le tali altre cose (8).

Quanto è poi a' capolavori di scultura e di pittura (e massime dopo il totale disfacimento

(8) Io non dimenticherò per certo mai, infinattantochè io ci viva, che di que' tempi appunto che questa bella opera del disperderci il linguaggio si procacciava di perdurre ad effetto in Italia, un messere tutto gonfio di vento, dopo lunga altercazione avuta meco quì in Parigi intorno a questo, non sapendo egli più come rispondere alle mie ragioni, pieno di mal talento, ne venne a questa parentevole conclusione: *Oui, monsieur, oui; il faut que sous peu de temps on parle français dans toute l'Italie : est-ce qu'on a besoin de votre f***** langue italienne?* A tanta ignoranza, e presuntuosità non era certamente da dar più pastura, e perciò io, senza più fare zitto alcuno, datogli le spalle, lo piantai incontanente.

dell' antica Grecia), queste fur cose, e sono
anche oggidì quasi come natie, e proprie
della nostra Italia. Agl'Italiani dee esser sommamente tenuto il mondo della studiosa sollecitudine da loro adoperata a preservare dalle distruggitrici mani de'barbari, e a restaurar diligentemente tante pregiatissime cose di
scultura. E oltracciò gl'Italiani, dopo i Greci,
non pur dell'arte scultoria stessa furono, e
son tuttavia i principali artefici; anzi della
pittura, se dire altri non voglia che furono
come i creatori, negar non potrassi che ne
sieno stati i sovrani maestri, e recatala a tal
perfezione, che di gran lunga ebber essi in
questo sopravanzati gli antichi, e lasciata po-
chissima, e forse niuna speranza a' posteri di
poter mai aggiugnere all' eccellenza loro. E
tutta Europa, adorna di tante egregie opere
degl' immortali artefici nostri, e gareggiante
nelle varie sue parti a raccorne il più largo
numero che aver se ne possa, fa di quello
ch'io qui dico, invincibile testimonianza (9).

(9) Ben è qui anche da rammemorare come non rimase già per gli Stranieri che, eziandio ne' men vetusti tempi, ogni egregia arte non venisse meno in
Italia. E certa cosa è che un barbaro condottier d'oltremonti, esecutore spietato dell' ordine a lui dato dal

Or che giustizia, che carità, e soprattutto che *fratellanza di libertà* esser mai poteva nel dispogliar così gl' Italiani di tutte le più esimie e più rinomate cose di scultura, e di pittura che i loro maggiori, o avesser gelosamente preservate dalla ferocità de' barbari, o eglino stessi prodotte? Con questi malagurosi inizj proceder dunque dovea la libertà che dar loro si presumeva? Ed eran essi da svilire, e svergognar così innanzi tratto, perchè poscia divenisser liberi? Or possono gli svergognati e sviliti uomini esser della libertà non indegni? Ahi lasso a me, che quell' eletta diva non fa punto lieto viso a quei che a lei pervengono per così disvievoli ed inonorate

suo non meno spietato estranio signore, quello fu che nel 1527, mettendo a sacco Roma con maggior crudeltà che (secondo dice il Muratori ne' suoi Annali) non avesser fatto nel V secolo i Goti, e i Vandali; disperse la Scuola di Giulio Romano, il quale con altri valenti discepoli di Raffaello emulavan già nella pittura al valore del loro insigne maestro. Dopo l' aver sì nefande cose operate, e sì grave detrimento recato a quella bell' arte, inorridire non dovean forse gli oltramontani con solo il pensiero di voler torre a Roma tutto ciò che quivi, in quello e in altri loro oltraggiosi assalti, era quasi miracolosamente stato messo in salvo dalle loro distruggitrici mani?

vie, come certissimamente eran quelle per le quali gl' Italiani fur menati! Così non fu miga libertà, ma una succedente vicissitudine di tirannie il dono che fu lor fatto. E così quale sia stato il frutto che alla fin fine n' hanno essi cavato, posson ora apertamente vederlo quegli uomini di Francia che sono onesti, ragionati, e liberi (10).

Vero è però che, quando poi fu diliberato in Parigi di rapire all' Italia tutti i suoi trasportabili capolavori di scultura e di pittura, ed altro, in quelle stesse bigonce de' consi-

---

(10) Dico *onesti*, *ragionati*, e *liberi*, perchè di queste belle qualità per certo non eran dotati que' Francesi che, senza punto arrossarne di vergogna, a me parlarono a un bel circa in questa sentenza: *Messieurs les Italiens ont été bien bons, s'ils ont cru que nous étions entrés en Italie pour leur donner la liberté, et les laisser réunir en corps de nation. Le fait est que nous nous étions emparé de ce pays-là pour y faire nos affaires. Quant à nos proclamations et à nos promesses, tant pis pour ceux qui en ont été la dupe.*

Ma, diasi lode al vero, tutti così non sono gli uomini di Francia, e segnatamente così non era quell' egregio orosissimo uomo del general *Malet*; il quale di tutte le inique cose operate in Italia; e massime del rapimento delle nostre cose di statuaria e di pittura, parlò sempre meco con istomaco grandissimo.

gli legislativi nelle quali s' eran fatte, e giu-
rate tante solenni promesse a tutti i popoli,
s' incominciò a mettere innanzi che, posciachè gli antichi Romani avean tolto a' Greci
le lor più belle cose, sì dovevano i Francesi
fare altrettanto verso gli Italiani; e così come
allor si disse, così fu poi l' opera mandata ad
esecuzione. Or io so pur bene che ciò fecero
alcuni duci, ed imperadori romani, per dare
più spicco alle glorie militari; ch' io per me,
non pur ne' Romani medesimi, anzi in tutti
gli altri precedenti, e susseguenti popoli, reputo e reputerò sempremai come le più fec-
ciose, e le più abbominevoli di tutte le altre
nocevoli glorie. E io dico così, perciocchè
dallo avere essi straziate le altre nazioni, e
sospintele ad avventarsi furiosamente contro
la nostra Italia, nè seguì la rovina, ed il disfacimento del nostro patrio governo; di che
noi miseri, dopo tanti secoli, portiamo ancor le pene. Nè di popolo così fattamente pu-
nito per conquistatrici opere, solo non è l'
esempio de' nostri maggiori quello che si
legga nelle storiche carte; anzi si può
con ragione che non sia pressochè alcuno degli antichi, non che de' moderni troppo gran-
diosi conquisti il quale alla per fine non tor-

nasse a sconcio, e danno grandissimo de' conquistatori. Donde a me pare che non sia da
darmi carico veruno, se sempre con ispregio, e con biasimo io ragiono delle guerresche glorie, fuor solamente quelle che si con-
seguono, difendendo l'independenza e la libertà propria, e che veramente son glorie da
mettere ben suso in cielo.

D' altra parte, volendo un popolo novellamente divenuto libero, o il qual sia *rige-*
neráto (siccome i Francesi se stessi chiamava-
no), torre ad imitare i Romani; scer dee egli
forse, nelle opere di coloro, quello appunto
ch' essi fecer per avventura di più inglorioso?
Forsechè non eran sublimi, ed eroiche cose
nelle tante geste loro, da dover poterle con
somma gloria imitare? Io mi so pur bene che
alcuni stranieri, i quali in alcune colpe de' Romani procacciar si vollero d' un' opportuna
coperta a dover velare i lor grandissimi eccessi, si miser non ha guari tempo con ogni
possa a dar loro mala voce, e denigrarli; ma
ciò niente monta, perchè intorno a questo
pochissimi sono quelli che ne vadan presi
alle grida. E voglio io dire che, a petto a uno
de' morditor de' Romani, stan forse mille laudatori delle virtù e del valor loro. E, oltrac-

ciò, che lodatori ! e che lodi ! Odano solo il
Voltaire que' che non vogliono del tutto fare il sordo : « Noi possiamo (*egli dice*) van-
« tarci soprattutto di vincere gli antichi Ro-
« mani in taverne ; ma, a dir brieve, per l'
« opere durevoli, utili, magnifiche; qual
« popolo mai lor s' appressò ? qual monarca
« fece nel regno suo quello che a *Nimes*, a
« *Arles* faceva un proconsolo? » E, non ba-
standogli la prosa, ne venne a' versi; e, quasi
sdegnando che altre genti fosser gelose della
maestrìa della sua in certe seccherìe e nul-
lezze, egli altamente poi disse :

> Il valor sommo de' romulei eroi
> Tutto infiammi l'ardor di nostre menti ;
> E' féan più assai per le domate genti,
> Che noi medesmi non facciam per noi (11).

(11) « Nous pouvons surtout nous vanter de passer
« les anciens Romains en cabarets : mais enfin pour
« les monumens durables, utiles, magnifiques, quel
« peuple approche d'eux? quel monarque fait dans
« son royaume, ce qu'un proconsul faisait à Nimes,
« à Arles? »
  « Parfaits dans le petit, sublimes en bijoux,
  « Grands inventeurs de riens, nous faisons des jaloux.
  « Èlevons nos esprits à la hauteur suprème
  « Des fiers enfans de Romulus :
  « Ils faisaient plus cent fois pour des peuples vaincus,
  « Que nous ne faisons pour nous mêmes. »
   (*OEuvres de Voltaire, voyage à Berlin*).

E, al fatto spezialissimamente dell'·insitare i Romani, il dotto e sagace sig. *Quatremère de Quincy*, del quale con debita laude noi già toccammo un motto nel RAGIONAMENTO II (12), molto acconciamente (nell' ultima di quella sette sue bellissime lettere, da lui pubblicate nel 1796 (13)) rammemora a' suoi compatrioti quel che dice Cicerone nelle sue Verrine del vittorioso Scipione ; il quale, espugnata Cartagine, non già a Roma, ma in Sicilia portar fece le opere di scultura che aveano i Cartaginesi rapite a' Siciliani. E, ciò narrato, tutto acceso di bella onestà, il sig. *Quatremère* esclama : « Ecco qui a me pare, « quello ch' è da gittare in sul viso a quei che « vorrebbono, alla fine del XVIII secolo, far

(12) Annotaz. 10, in fine, facc. 252.·

(13) Nella preallegata annotaz. 9 fu da noi addotto il titolo del libro che contien queste lettere. Furon esse poi ristampate in Parigi nel 1815 con la data di Roma, e vi si congiunse un richiamo che cinquanta, o circa artefici francesi già fecero al *Direttorio* della Repubblica Francese, acciocchè non si corresse così a furia a far dispogliar Roma de' capolavori di Scultura e di pittura, senza che innanzi tratto non si mettesse in disamina se dannoso, o no fosse alle arti sì fatto spoglio. Di questa novella edizione di quelle lettere io qui mi valgo.

» ritratto da que'Romani di cui essi non altro
« ancor conoscono, che le proscrizioni, e
« le rapine (14) ».

(14) *Lettres sur le projet etc.*, *par M. Quatremère de Quincy*, facc. 89.

Ed è qui da notare ancora, non esser vero a gran pezza che gli antichi Romani tutte avesser rapite le statue, e le altre cose che adornavano i palazzi, i giardini, e le *ville* loro. Legga anzi, chi avesse vaghezza di sapere come caro fosser da lor comperate talvolta si fatte opere, anche ne' tempi del più grande poter loro; legga, dico, delle lettere di Cicerone, dette famigliari, la vigesimaterza del libro settimo, e tosto egli vedrà che quel sommo orator nostro, non pur pugne e morde scherzevolmente il suo amico Fabio Gallo, perchè gli avesse quegli comperato più statue, e a prezzo maggiore ch' egli non voleva; ma mostra di compiacersi eziandio molto che per lui da lui non fossesi fatto acquisto, nè di una statua di Marte (*Martis vero signum quo mihi pacis auctore?*), nè di altra di Saturno, sì perchè l' una e l' altra non facevan per lui, sì perchè sarebb' egli stato indebitato per quelle compere. *Haec duo signa putarem mihi aes alienum attulisse*, diceva il valentuomo in quella lettera.

Oltre a tutto questo, par che non si possa oggi più dubitare che le due più precellenti tra le belle antiche statue che fur servate, cioè il Laocoonte e l'Apollo, non sieno state fatte in Roma: elle non sono per conseguente cose rapite a' Greci. E primieramente, quan-

Nè solamente il sig. *Quatremère* adduce questi esempli antichi, ma discende anche a quelli de' tempi non così da noi remoti; e, per mostrare che tutte le incivilite nazioni europee avean già da se del tutto rimossa questa

to al Laocoonte, ben si sa che, nel luogo stesso dove Plinio lo chiama *Opus omnibus et picturae*, *et statuariae artis praeponendum*, nomando egli i tre statuarj rodiani che lo feoero, e dicendo che *Similmente* molti altri statuarj, i quali e' anche nomina, *avean riempiuto di stimatissime statue le case palatine de' Cesari* (a); molto apertamente ne dà a divedere che que' sommi Cesari, non solamente avevano appresso loro artefici insigni, sempre intenti alle cose di statuaria, ma che il Laocoonte stesso era una di queste opere. E così l'Apollo, ch'è di marmo di Carrara, e non di Grecia, dee essere anche una delle opere state fatte in Roma. E così gli antichi Romani, se furon rapitori dello altrui, come sono e furono tanti altri conquistatori, tanto tuttavia non rapirono, quanto si presunse (e certo per buone ragioni) ch' essi avesser rapito.

(a) ?.... *Sicut in Laocoonte qui est in Titi imperatoris domo, opus omnibus et picturae, et statuariae artis praeponendum. Ex uno lapide* (questo non è vero: il gruppo è di cinque pezzi, ma sì ben tra lor commessi, che Plinio li reputò per solo uno) *eum, et liberos, draconumque mirabiles nexus de consilii sententia fecere summi artifices Agesander, et Polydorus, et Athenodorus Rhodii.* Similiter *Palatinas domos Caesarum replevere probatissimis signis Craterus cum Pythodoro, Polictetes cum Hermolao*, ecc. Plin. l. XXXVI, num. 2.

malnata ingordigia del rapinare le opere delle arti esimie nelle guerresche fortune; egli dice che nè i re francesi, Carlo VIII e Francesco I, nè l' imperador Carlo V impadronitisi successivamente di Roma, mai non le tolsero alcuna di quelle cose. E, a rassodar tutto questo, egli soggiugne che nè Federigo il Grande, stato due volte posseditor di Dresda, nulla di ciò portò via di quindi; nè vicendevolmente cosa del mondo funne rapito alla sua Berlino, quando poi questa città ebber presa gli Austrorussi (15).

Favellando oltracciò il valoroso sig *Quatremère* del nocimento che generato avrebbe alle sublimi arti il dispogliar l' Italia de' suoi capolavori, egli mostra che mille congiunte cagioni concorsero a far di lei come un general museo, una compiuta conserva di tutte le cose allo studio delle arti pertinente; e che, per la natura stessa delle cose, di sì bella dote era ella insignita (16). E per converso egli dice in un' altra lettera che, nè tra le nebbie e 'l fummo di Londra, nè tra le piogge e 'l fango di Parigi, nè sotto il

(15) Quivi, lett. 4, facc. 40.
(16) Lett. 2, facc. 12.

ghiacciato e nevoso cielo di Pietroburgo, nè
per mezzo il frastuono delle popolosissime
mercatantesche città europee emerger può
fuori quella sentita squisitezza per le belle
cose, la qual è come un sesto sentimento,
dall' uom conseguito contemplando il bello,
e in quel profondandosi: in somma, che che
si faccia, egli soggiugne, converrassi pur sempre che quei che a ciò si danno, vadano altrove a respirare un aere sgombro di tutti
questi vapori che ci ottenebrano la sembianza
del bello, e del vero (17). E tutto pieno, non
men di vero onore, che di vero amor per
le arti, egli, in un' altra di quelle sue belle
lettere, fassi anche a chiedere che cosa sarebbon per dir sopra questo gli uomini da
ciò, se del parer loro fosser essi richiesti?
E' direbbono, rispond' egli, che lo spoglio
de' capolavori delle italiche scuole è un an-
nichilare l'ammaestramento delle arti : ammaestramento che sola l'Italia dee possedere, perchè sola ella il produsse; ammaestramento che sola l'Italia esercer puote, perchè
ella sol tanto degli elementi di quello è posseditrice (18).

(17) Lett. 4, facc. 51, e 52.
(18) Lett. 6, facc. 76.

Trapassando poscia a particolareggiare intorno a questo, e parlando spezialmente di Roma, siccome quella che delle arti nobilissime è già da tanti secoli in quà la principal sede; l'onorato sig. *Quatremère* proseguiva a dire che smozzicare il museo d'antichità di Roma sarebbe stato un proceder molto più innanzi nelle stoltizie, perciocchè quel danno non sariasi potuto più risarcire. E soggiugneva che il museo di Roma era stato colà formato per diviso stesso della natura, la qual volle ch'esser non potesse altrove, poichè la romana contrada è parte di quello; il quale essendo quasi come un colosso, ben se ne può tór de' frammenti, smozzicandone alcun membro, ma non già la massa, che è al suol radicata, come la sfinge di Memfi (19). Ed egli poi (rispondendo a coloro che pazzamente volevano che tutto quanto quel ch'era in Italia, fosse da recar loro in Francia) così mette bellamente in festa e in gabbo le stolte loro presunzioni. Recherannovi dunque, egli esclama, con alcune smozzicate parti d'ogni scuola, le ragioni fisiche, e morali delle varie maniere di disegno, e di colore che dif-

(19) Lett. 3 , facc. 27.

ferenziano una scuola dall' altra? Recherannovi l'armonia di ciascuna di coteste maniere,
e insiememente la contrada, il cielo, i linea-
menti de' volti, la sembianza de' luoghi, le
forme natie? Recherannovi quello stimolo che
in sul visivo senso degli uomini opera la maravigliosa ed universal diffusione dell' italico
buon gusto? e quell' abitual forza che, come l'aere ambiente, in altrui penetra da per
tutto? e quella istruttiva virtù che ricevon
gli studianti, senza punto avvedersene essi,
da tutte le cose che dintorno da se egli quivi
hanno? Se tutto ciò non vi si rechi, e che cosa recheravvisi (20)?

(20) Lett. 6, in fine facc. 78 , e 79.

Il *Winkelmann* nella sua *Storia dell' arte del disegno* procede anche più innanzi che il sig. *Quatremère*,
in tutto questo. Egli dà quasi come a intendere che,
perchè sia l' uom valente in queste pregiate arti, conviensi che sia egli nato e vivuto sotto altro cielo, che
quello dell' Inghilterra, ed anche della Francia; in
pro della quale egli fa tuttavia due, o tre eccettuazio-
ni (a). Se fosse vivuto a questi nostri tempi, egli avrebbe forse dovuto molto più eccettuare, in servigio di lei.
Quanto è a me tuttavia, che giudico però in questo,
non già secondo i precetti dell' arte, come faceva il

(a) Tom. I, lib. 1, cap. 3, in fine.

2.   14

Nè parer dovrà cosa strana ch'egli andasse
così infestando e pugnendo i suoi compatrioti, perciocchè infin nella sua prima lettera
egli avea detto che, a voler di ciò acconciamente favellare, convenivasi tor via del tutto
ogni spirito di nazione, di parte, o di considerazion particolare (21). E ben per questo
senza rattenimento alcuno egli dice che, to-
gliendo a Roma i capolavori di scultoria e di
pittura, i Romani sarebber privati della più
nazionale, della più sacra, della più inviola-
bile delle proprietà (22); ed oltracciò che

Winkelmann, ma secondo quel sentimento che si ge-
nera nel comun degl' Italiani, dall' aver contemplate
tante bellissime cose de' sommi artefici loro; io trovo,
al fatto delle dipinture, che generalmente quelle de'
Francesi, o discorrono negli atteggiamenti forzati, o
sono contenute nella rigidità delle forme della statuaria. In questo novero son da riporre principalmente le
tavole del *David*. Colui che, più di ciascun altro, a
me par che abbia dato veramente nel segno dell' italica
maestria, è il *Gérard*. E, tra le altre sue cose, bene
il dimostra quella bellissima tavola d'Arrigo IV, che
io reputo per la migliore di tutte le pitture fatte in
Francia a' nostri dì. Vero è però che il *Gérard* è romano, venuto in Francia, essendo egli già compiuto
uomo.

(21) Lett. I, facc. 3.
(22) Lett. 2, facc. 17.

quella era opera della più brutale ignoranza (23).

Ma che più? tutte recare nel volgar nostro io dovrei quelle pregiate lettere del sig.
Quatremère, se alcuna lasciar di ripetere io
qui non volessi delle tante, belle, giuste, sagaci, e onorevoli cose ch' egli francamente
e lealmente allor diè fuori, acciocchè dall'
operare men che onestamente egli rimuoves-
se i suoi compatrioti; a' quali così alla sfuggita andava anche egli dicendo (e con quanto avvedimento, e sagacità gli eventi hannol
poi troppo ben dimostrato) che *lo spirito di
conquisti in una repubblica sovverte affatto
lo spirito di libertà (24)*. E maggiormente
(io soggiungo) che, a volere ordinare una
repubblica, si ha per certo più gente che bisogno non sieno, in trenta milioni, o da in-
di intorno, di bellicosi uomini come sono i
Francesi.

Or s'egli è vero (che essere indubitatamen-
te si sa) che le cose virtuosamente operate
da alcuni cittadini in certi tempi sien tanto
più da avere in pregio dalle nazioni, quanto

(23) Lett. 6, facc. 75.
(24) Lett. 1, facc. 2; e lett. 4, in princ., facc. 39.

fu assai più grande il numero di quelli che altramente operarono; molto pregiar dee se stessa la nazion francese del potere ella annoverare tra' suoi virtuosi uomini un così probo, onesto, e lealissimo uomo, come senza alcun fallo è il sig. *Quatremère de Quincy*. E gl' Italiani, e massime gli abitator di Roma (di tutti i quali con tanto sapere, e con tanto valore egli difese e i diritti, e l'onore, e la gloria) esser ne gli dovranno perpetuamente tenuti, ed averlo sempre in somma reverenza; avvegnachè di que' tempi fosse senza frutto, e non avesse alcun felice successo quella generosa, ed onorevolissima impresa sua; perciocchè, ove la vanità e le cupidigie sieno al tutto sbrigliate, la ragione non ha più contro di quelle alcuna possa, e sola è la forza la qual sia da tanto da poter riporle in freno.

Vuolsi dir tuttavia che principale e vero autore a' Francesi del rapire all' Italia tanti capolavori d'ogni maniera, fu anche il Buonaparte, siccome nel 1814 io già dissi nell' altro mio *Ragionamento* sopra l' Italia (25). Egli in effetto, come prima venne in potere,

(25) Facc. 43.

incominciò con queste ed altre simiglianti
ruberìe a darsi rinomanza, ed a vezzeggiare
le vanità e le cupidezze, per lastricarsi la via
al poter più imperiosamente dominar la nazione che sì potentemente, e sì di grado gli
dava di spalla nelle ambiziose imprese sue.
E vennegli sì ben fatto, che nello spazio di
pochi anni perdusse l'opera al termine che
tutti già sanno, e che io perciò non mi bri-
gherò punto d'andar qui più innanzi divisando.

Ragionato intanto bastevolmente de' prenditori di queste pregiatissime italiche cose,
ogni ragion vuole che noi or favelliamo di
coloro che render le fecero alle popolazioni
a cui quelle appartenevano. Ma avantichè ad
alcuna particolarità noi discendiamo intorno
a questo, deh forniscasi qui un uficio che
pressochè mai, e per certo a nostro mal grado, nel non brieve tratto di quest'opera non
ci fu conceduto di poter fornire; e ciò sono
lode, e ringraziamenti verso i supremi arbitri
europei. Lodati, e commendati sien essi dunque per questo in ogni tempo, e quelle grazie che si posson maggiori, lor sien anche sempremai rendute della magnifica, e lealissima
maniera con cui essi procederono in questa

facenda de'capolavóri delle arti più pregiate,
i quali in grandissima copia aveano i Francesi recati a Parigi, quasi da ogni parte d'
Europa. E io dico *magnifica*, *e lealissima
maniera* con la quale operossi in questo, perchè, se que' collegati principi, insignoritisi
che furon di Parigi, seguire avesser voluto
le sozze orme del Buonaparte e de' sozj suoi,
non solamente avrebber potuto a se torre
tutto ciò che d' altronde era stato recato in
Francia, ma dispogliàre eziandio la Francia
stessa delle innumerevoli rarissime, e bellissime cose di cui ella è posseditrice (26). Pur
niente di tutto ciò essi operarono. La Francia, per rispetto a questo, rimase del tutto
illesa, e delle cose altronde tolte, renduto
fu lealissimamente ad ogni gente il suo dovuto.

O, se tutte le opere di que' sommi moderatori state fossero effigiate a questa norma,
o come ne gioirebbe oggi il mondo! o come
d' ogni intorno lor pioverebbon le benedi-

_____

(26) Toccò un motto di questo il principe *Blucher*,
in una stizzosa lettera che del mese di ottobre 1815
egli scrisse al general *Muffling*; la traslatazion della
quale io lessi nel foglio del *Morning Chronicle* de' 4
di novembre dell' anno stesso.

°zioni degli uomini viventi, l' eco delle quali sarebbe anche ripercusso infino all' età più remote! o come menomar sarebbesi potuto il numero degli armati guardatori, al cui sostentamento pressochè tutte sono ancor profute le sostanze de' popòli! ed o come una santa lega sarebbe eziandio concordante con le operate cose!

Ma, lasciando star tutto ciò dall' un de' lati, io or debbo quì mostrare a' miei cari Compatrioti che, quantunque a tutti i principàli collegati sovrani essi sieno in certo modo tenuti della recuperazione di tante lor pregiatissime cose, pur nondimeno non per certo a tutti loro esser debbon essi allo stesso modo tenuti. E perciocchè la nazione nostra, che delle ingiurie de' torti e de' mali che le si fecero, rade volte fu dimentica; de' favori e del bene che verso lei operaronsi, sempremai fu e sarà ricordevolissima; sì mi pare che non sia un gittar del tutto l' opera al vento il darle quella contezza che per me si potrà maggiore intorno a questo, acciocchè ben si conosca dove la più, o la meno gratitudine sua ella allogar debba.

Quattro erano, siccome ben si sa, le primarie collegate corti che principalmente ope-

rarono il sovvertimento della napoleonica
dominazione; e perciò io di sole quelle quattro parlar debbo, non essendo le altre, con-
giuntesi poi loro, se non come loro adiu-
trici, che agevolarono, ma che per certo ad
effetto non perdussero quella grand' opera.
E di esse quattro venendo a ragionare, io non
già secondo il grado politico che lor si suol
dare, androlle qui menzionando, ma secondochè più, o meno elleno alla restituzion
cooperarono. Il perchè ogni ragion vuole che
all' Inghilterra da me si dia il primo luogo.

E certissimamente al Principe Reggente
di quel potentissimo Stato, al generalissimo
Wellington, a' regj ministri inglesi, e spezialmente a messer *Castlereagh*, e al sig.
Guglielmo *Hamilton*, l' uno segretario, e
l' altro sottosegretario di quel governo per
le cose straniere; è tenuta principalissimamente l' Italia, e soprattutto Roma, dell' asseguita restituzione.

Diceva messer *Castlereagh* addì 11 di settembre 1815, in un suo molto sentito scritto, presentato in Parigi agli statisti degli altri collegati sovrani, ch' essendo stati fatti
richiami al principe reggente dal Papa, dal
granduca di Toscana, dal re de' Paesi Bassi,

e da altri principi, acciocchè lor fossero rendute le opere delle pregiate arti che i Francesi avevan tolte a' loro Stati; egli, per ordine
dello stesso reggente principe, e per intelligenza de' medesimî collegati sovrani, lor metteva in mostra molte considerazioni sopra
que' richiami, alcune delle quali sono queste.

Che eran quelle cose state rapite contra
ogni principio di giustizia, e contrà gli usi
avuti sempre in reverenza nelle guerre de'
moderni tempi; che eran quelle da reputare
come cose inseparabili dal suolo al quale elle
appartenevano; che i collegati principi a'
quali ansiosamente aveva l'occhio il mondo,
doveano con più spezialità fare schermo a'
debili, ed indifesi Stati; che la schietta loro
onestà richiedeva che, senza eccetuazion veruna, fosser quelle pregiate cose rendute a'
loro veri propietarj; che il principe reggente, piuttosto che volesse direttamente, o in-
direttamente valersi di quell' opportunità per
appropiarsi alcuna di quelle esimie opere,
voleva anzi concorrere alla spesa del farle
riporre ne' luoghi che di lunghissimi tempi
davanti n' erano stati adorni; e finalmente
che il lasciare in Francia tutte quelle spoglie,
sarebbe stato un voler porre intoppo alla vera

riconciliazione tra la Francia e gli altri Stati Europei.

Oltre a tutto questo, di quello scritto di messer *Castlereagh* io alla distesa allegar ne voglio un altro brano, perciocchè a me pare che sia una tacita, ed artificiosa risposta ad alcune cose prodotte in mezzo in un altro scritto (di cui toccherem poi un motto) d' altra corte, la quale un contrario avviso aveva manifestato sopra queste restituzioni. Diceva dunque similmente lo statista britanno : « I collegati sovrani han per avventura
« a mettere in chiaro alcuna cosa nel co-
« spetto dell' Europa (27), quanto a quello
« ch' essi operarono l' anno passato in Pa-
« rigi. Or quantunque sia vero ch' essi mai
« tanto innanzi non procedettero nel far se
« stessi parte al maleficio di quel monte di
« ruberie, che autenticar volessonle con al-
« cuna stipulazione ne' loro patti, *avendola*
« *anzi per parte loro uniformemente riget-*
« *tata ;* tuttavia essi allora procacciar dove-
« rono che pe' loro richiami ad alcuna tur-
« bazione non si desse luogo, e anche più

(27) Il testo inglese dice : *The Allied Sovereigns have perhaps something to atone for the Europe.*

« ch' essi speravano che la Francia, non me-
« no sottomessa per le generosità, che per
« le armi loro, disposta esser dovesse a ser-
« vare inviolata una pace la quale era stata
« studiosamente ordinata, perchè ella fosse
« un vincolo di riconciliazione tra la nazione
« ed il re. Essi stavan anche in espettazione
« che S. M. fosse per essere avvisato da ren-
« dere benvolentieri almeno una considera-
« bil parte di queste spoglie a' loro legittimi
« proprietarj (28) ».

Il duca di *Wellington* poi diceva in un altro scritto, da lui fatto pervenire a' 23 dello
stesso mese di settembre 1815 a messer *Castlereagh*, che aveva egli dovuto lungamente
quistionare per la restituzione delle pitture
pertinenti a' Paesi Bassi, e che, fattele poi
riprendere, egli era stato incolpato di rom-
pimento d'un patto ch' egli stesso avea fermato, cioè della convenzione de' 3 di luglio
1815 per la dedizion di Parigi. Intorno a que-

----

(28) *The Courier*, fogl. de' 5 di dicembre 1815.
Di quello scritto questo è il titolo: *Note delivered
in by Viscount Castlereagh to the Allied Ministers,
and placed under their Protocol.*

sto ecco quì come ragiona il sommo britanno
duce.

« L' articolo della convenzione il qual si
« presuppono essere stato rotto, è l' unde-
« cimo, che pertiensi alle· pubbliche pro-
« prietà. Io asseverantemente niego, quell'
« articolo riferirsi in alcuna maniera al mu-
« seo, o alle gallerie di quadri. I commessarj
« francesi, nel trattato primitivo, propose-
« ro di stipulare un provvedimento per la
« sicurezza di questa sorte proprietà. Il prin-
« cipe *Blucher* nol volle consentire, sicco-
« me quegli che diceva, ch' eran quadri nella
« galleria già tolti alla Prussia, i quali Lui-
« gi XVIII avea promesso di restituire; ma
« che mai ciò non erasi recato ad effetto. Io
« ciò comunicai co' commessarj francesi, i
« quali mi proffersero allora una stipulazione
« che eccettuasse i quadri prussiani. A que-
« sta profferta io risposi ch' io era come il
« collegato di tutte le nazioni europee, e
« che perciò ogni cosa che si concedesse alla
« Prussia, io dovea far richiamo perchè si-
« milmente ogni altra nazione il conseguis-
« se ».

Soggiunse poscia, in quello scritto, il
duca che la diffinizione di tutto questo si la-

scerebbe a' collegati sovrani, e così si fece.
Egli tuttavia non lasciò di dire anche allora
che, quantunque si concedesse che, essendo
al tutto silente il patto di Parigi del 1814 al
fatto di que' capolavori delle arti, la Francia
erane perciò divenuta posseditrice; non pertanto la nuova intervenuta guerra riponeva
le cose nel pristino stato, e per conseguente
le nazioni collegate aveano ogni diritto di ritorre il già tolto; e più ancora che era stato
tolto contro agli usi delle guerre tra incivilite nazioni. E questa fu la cagione (diceva
similmente il valoroso duce inglese) perchè
i sopraddetti commessarj, che ben conosce-
vano come posasse in falso ogni presunzion
della Francia intorno a questo, tentarono (ma
del tutto in vano) di fare intromettere una
stipulazione nella capitolazion militare, acciocchè la Francia servar così potesse quelle
aliene spoglie (29).

Un altro grave e sentito scritto, e ad una
ora tenero e toccante molto, pubblicò di que'
tempi sopra questo medesimo proposito il
sottosegretario sig. Guglielmo *Hamilton*, da

(29) *The Courier*, fogl. allegato, de' 5 di dicembre 1815.

noi di sopra menzionato (30). E pare ch'egli
il tessesse dopo l'aver già il governo francese
la restituzion consentita delle cose ch'erano
state prese in Alemagna. Or il sig. *Hamilton*
insisteva nel chiedere che fossero anche rendute quelle tolte ne' Paesi Bassi, nello Stato
Veneto, e soprattutto nello Stato Romano.
Certamente, egli diceva, parer non dee strana
cosa che dolga a' Francesi d'avere a rendere
queste pregiate opere, ch'essi tuttavia non
posseggono, se non da dieci, quindici, o
venti anni in quà; ma la smania e l'angoscia
del non poterle ancor recuperare, è sommamente più grande in coloro de' quali fecer
quelle la gloria, e la ricchezza per secoli, e
i cui templi, e le cui gallerie n'erano state
per sì lungo spazio magnificamente insigni-
te. Alcune di queste belle cose, non pur fama,
ma quasi immortalità avevan data a diverse
città, che forse altra pregiabilità non avevan
che quella. Elle lor rammemoravano tutta la
preminenza a cui si levarono i loro maggiori,
nelle opere che reser celebri i più grandi uo-

(30) Ecco qui il titolo di questo scritto : *Conside-
rations in the form of a letter, intended to be sub-
mitted to the King of France.* Fu poi quello stampato in Londra dal *Clarke.*

mini i quali illustrarono le più remote età
del mondo. Alcune altre non erano se non
che i ritratti di que' medesimi loro antenati,
o l'effigie, in graziosissime forme ritratta,
delle loro valorose geste „della lor divozione
verso la patria, e di alcune locali particula-
rità, care sol tanto a coloro che vivono ne'
luoghi stessi, e pregiate per la rimembranza
di alcuni fatti, che sarebbon già usciti dall'
animo degli uomini senza quelle permanenti attestazioni. « E se la gloria de' conquisti
« (soggiugneva il sig. *Hamilton*) è da re-
« putare di qualche momento in questa enu-
« merazione, e perchè spiccar da Roma, e
« da Venezia la testificazione dell' antica loro
« militar rinomanza? E maggiormente che
« all' una di quelle repubbliche siam noi te-
« nuti della diffusione delle esimie arti dal
« lor natio suolo a questa parte d' Europa;
« e all' altra de' tempestivi intoppi contrap-
« posti al corso degl'ingrandimenti turchi,
« quando minacciavan questi di mandar sox-
« zopra la progredente civiltà nelle cristia-
« ne contrade (31) ? »

(31) Quando io lessi quest' altro bellissimo encomio
della spenta Repubblica Veneta, io tra me diceva: Or
che vuol dir questo? Imprudentemente dunque non

Vuolsi però dire che, benchè le cure e le sollecitudini, usate allora dal sig. *Hamilton*

parla, così parlando della Veneta Repubblica, chi è di nazione che participò delle venete spoglie? E non tome egli d'esserne redarguito da' *suoi signori superiori?...* Or io non andava punto errato, così pensando, perciocchè il sig. *Hamilton*, preveggendo appunto questo, si sforzò non guari appresso di riparare, come egli seppe il meglio, al male da lui fatto. Ma egli diessi, s'io non sono ingannato, un disutile impaccio. A me pare anzi che, rimescolando questa sudicia materia, egli accrescesse di molto, non che togliesse via, il puzzo che altrui ne viene, e ne verrà sempremai: ed io, in servigio di quella venerata repubblica, ci voglio qui rompere un' altra lancia.

Veggiamo dunque innanzi tratto che diceva (in ammenda delle già dette cose) il sig. *Hamilton* a Luigi XVIII, al quale era quel suo scritto dirizzato. Ecco : « Che potrebbe esser mai più iniquo nel mon-
« do, che le macchinazioni che l' *arciappostolo del-*
« *la rivoluzione* (il quale è alla per fine confinato in
« uno scoglio fuor de' termini delle quattro parti del
« mondo) inventò, e recò ad effetto per render se
« stesso posseditor di Venezia? Quella repubblica è
« caduta, perchè tali erano i suoi *materiali*, che tor-
« nare ella non potevasi più in istato. Ma gli spogli
« di Venezia appartengon tuttavia per diritto a quel-
« la città, e perciò universalmente si desidera che di
« grado V. M. porger voglia aiuto in questo all' im-
« perador d'Austria, le cui *paterne* intenzioni sono

per la restituzione delle cose dello Stato Veneto, e de' Paesi Bassi, e dello Stato Romano,

« volte a rendere alla *Reina dell' Adriatico* gli ador-
« namenti de' suoi templi, lo splendore de' suoi pro-
« genitori, e le ricordanze de' suoi onesti trionfi. »

Or venghiamo a ragionare una pezza di tutte queste
bellissime cose, che per certo noi avrem di che. E primierissimamente io pregherò il sig. *Hamilton* che voglia far grazia di dirmi che *materiali* maggiori, e miglior di quelli ch' erano in Venezia, fur presti altrove
per rimettere in seggia tanti re che n' erano stati tra-
balzati? O piuttosto quanti inciampi non s' ebbero infino a qui per tenerlivi fitti? Il sig. *Hamilton* può ren-
dersi pur sicuro che io, se ciò far si potesse senza
sconcio o danno delle terze persone, gli potrei qui
mettere in mostra di sì belle particolarità sopra questo, che a' suoi occhi veggenti egli conoscerebbe che
per contentissimi, sarebbonsi potuti chiamare i rimenati regi, se sol tanto la centesima parte de' buoni
materiali ch' erano apparecchiati, e tuttavia sono per
quella repubblica, avesser essi trovati negli Stati lor
di nuovo sottomessi. Vero è che modificar quivi sarebbesi dovuto il viver civile secondo la civiltà de' tempi
presenti; ma certa cosa è che, fatto ciò (e far sarebbesi
potuto agevolissimamente), quella repubblica sarebbe
incontanente tornata nel suo pristino stato, e così pacificamente reggerebbe ella or di nuovo gli Stati suoi
nell' antichissima sua sede, come mai facesse, e faccia
altrove alcun altro de' più solidati reggitor d'Europa.

Grida poi a testa il sig. *Hamilton* contro il Buona-

fossero a' popoli di tutti questi Stati utilissime; nondimeno, avendo i due primi in pro di loro

parte, il quale egli noma l' *arciappostolo della rivoluzione*. Io non gli darò per certo in sulla voce per rispetto a questo, perchè forse più di lui io ho in abbominio, non men quel ribaldo, che le inique opere sue. Tuttavia, se alcuno, senza essere egli ribaldo, a un puntino come colui operasse; non sarebber forse similmente inique le opere sue? Si sarebbono, e anzi tanto più inique, quanto meno da non ribaldo uomo ribalde cose non eran da attendere. Così il disfacimento della vetusta Repubblica Veneta, le cui spoglie furon partite tra l'Austria e l'Inghilterra, è, e sempremai sarà, chi che ne fosser gli autori e i facitori, un' *arciniquissima* opera, così come eran quelle dell' *arciappostolo*. Ed io poi non debbo credere che il sig. *Hamilton*, il quale a me già mostrò di fare la debita stima degl' Italiani, avesse voluto tuttavia schernirgli, o trattar loro come un branco di becconi, che si lascin deludere al nome di *Reina* il quale, come a cosa sussistente, egli ancor dava alla misera Venezia. Egli dee ben vedere che in sola una cosa or le si può convenir questo nome, cioè nella solenne guardia che si fa di lei. E certamente, poichè l'Austria guarda le sue terre, e l'Inghilterra le sue isole, e i suoi mari, mai non fu nel mondo *Reina* che fosse meglio guardata di quella che il sig. *Hamilton* chiamava *Reina dell' Adriatico*.

Del resto, posciachè io (e acciocchè in quest' opera mia abbia ciascuno il suo dovuto) mi sono alquanto disteso in ragionar di queste cose, e perchè non di-

a Parigi e poderosi eserciti, e valorosi duci, e
multiplici statisti, avevano per conseguente,

stendere'mi anche alcun poco più, francamente dicendo? Che stava bene veraménte, ed era del tutto com-
mendevol cosa che, quando la Francia aveva alcune
spoglie di Venezia, il sig. *Hamilton* insistesse nel far
richiami, e nell' operare, perchè le fosser quelle debitamente rendute; ma, quando poi ella non sarà più
così tenuta pel ciuffetto, e incomincerà ella di nuovo
ad avere il vento in fil di ruota, non crede il sig. *Hamilton* che dal canto suo la Francia non voglia, e anzi
non debba levar suso l'altiera fronte, e farsi innanzi,
e dire: « Orsù, signori miei, egli è gran pezza che
« voi mi fate sottilmente i conti addosso, e mi tenete
« in filetto a posta vostra: or è tempo oggimai che
« noi riveggiam le nostre ragioni, e si chiariscan le
« partite. Voi sapete, tra le altre cose, che è qui
« monna Italia, la quale, a dirvi il vero, non si po-
« tè troppo lodare delle opere mie; ma alla fin fine io
« non posso miga non voler vedere ch' ella è mia vi-
« cina, e che non suole essere usanza che i vicini
« sien sempre tra loro come cani, e gatti. Anzi suole
« ben sovente intervenire che, dopo alcuna contesa
« stata tra loro, i vicini si rappacificano sì che diven-
« gon più amici che mai non furono. E io per altra
« parte ho già veduto per opera che torna altrui, anzi
« danno, che utile, l'aver vicini troppo debili, quan-
« do essi hanno a sostener cose non dissimili dalle
« cose nostre. Io dunque, ammaestrata di ciò per le
« passate vicende, fo ragione d'operare del tutto al-

se non più eloquenti difenditor di lui, certamente più efficaci operatori, che solo egli es-

« trimenti ch' io non feci, nel tempo avvenire. E per
« questo converrà che mi si dica innanzi innanzi che
« fu di monna Venezia, ch' era appunto una libera
« abitatrice delle contrade di monna Italia, alle cui
« cose, per le leggi del buon vicinato, io debbo alcun
« poco invigilare. Voi ben sapete, signori miei, che
« mi faceste una gran ressa a questi anni passati, ac-
« ciocchè io rendessi ad essa Venezia certi suoi adorn-
« namenti, ch' eran venuti in poter mio. Io feci in
« prima così un poco la schizzinosa intorno a questo,
« ma nondimeno pressochè tutto io poscia le rendei,
« e voi stessi ne le foste i portatori. Alla sollecitudine
« che mostraste, acciocchè io tutte le rendessi quelle
« cose sue, io mi credea che più bella che mai ella
« non fosse, e più fiorente voi nel suo pristino stato
« la voleste tornare; ma di gran lunga io l'ho fallita.
« Voi, non solamente vi siete insignoriti delle cose da
« me rendutele, di lei stessa insignorendovi, ma fat-
« tala serva, e messala in brani. Or quanto sia più ol-
« traggiosa colpa il torre altrui la sua signoria e la li-
« bertà, che gli adornamenti e i fregi, vel potete ve-
« der voi stessi, che tuttavia, non ha guari tempo,
« presumeste di darmi tanti begli ammaestramenti so-
« pra la proprietà, e le legittime cose. Quanto è a me,
« per certo mi pare che, laddove abbiasi disfatta ed
« usurpata (senza stare a parlar quì di nuovo di altre
« usurpazioni) una signoria che ne' legittimi diritti
« aveva una non discontinuata base di quattordici se-

ser non poteva. Ma l'opera stava del tutto altramenti per la dolente Roma, che niente di

« coli; il voler magistralmente ragionare di legittime
« cose, e addottrinarne altrui sia proprio una, non
« meno stolta, che impudentissima cosa. Ed in ispe-
« zialità poi per queste belle opere venete io rivolger
« debbo le parole a voi altri, signori statisti britanni,
« che dettate oracoli, ove parliate (e ne parlate spes-
« so) di cose disinteressate e oneste, e di specchiata
« fede. Ma, chi non è poi del tutto cieco, i fatti vo-
« stri sono in effetto ben altra cosa dalle parole. E vo-
« glio dire che ogni uomo oggimai dee conoscere che
« l'avidità vostra nelle cose di mare pareggia almeno,
« se per avventura non supera, l'avidità che aveva
« l'*arciappostolo* nelle cose di terra. In effetto voi,
« non pure or siete i dominatori pressochè assoluti
« di tututti i grandi mari, ma de' minori ancora e
« quasi privati mari avete altresì usurpata la domina-
« zione. In questo novero è da ripor senza fallo il
« Mar Mediterraneo, il quale è anzi un gran lago,
« che un mare, poichè altro non ha che una foce da
« potervi entrare, ed uscirne. Voi altri oltracciò non
« possedete nè eziandio una spanna di terra in tutte
« le piagge che l'accerchiano. E tuttavia soli voi di
« questo gran lago siete i portinar, ed avete le chiavi;
« nelle sole vostre mani fu lasciata la rocca inespu-
« gnabile che lo domina propriamente nel cuore (e
« senza che alcun si brigasse di que' *legittimi* cava-
« lieri che n'erano altra volta i legittimi posseditori);
« e a sola la vostra ingordigia sono state finalmente,

tutto ciò aveva alla difesa sua, quantunque sole alcune di quelle sue più care proprietà statele rapite, fossero senza verun fallo di molto maggior pregio che tutte quelle degli altri chiedenti popoli congiunte in uno. E oltre a quello che in così fatti giustissimi richiami

« per compier l'opera, cedute anche le belle Isole Io-
« niche. E così i veri possessori e' padroni di questo
« gran lago, cioè Spagnuoli, Francesi, Italiani, Au-
« striaci, Greci, Russi, e Turchi d'ogni maniera do-
« vranno esser sempre cheti come olio dinanzi all'orgo-
« glioso Leorpardo, se non vorranno essi in un dì ve-
« dere annichilar tutti i loro traffici in quello stesso
« mare il qual dovrebbe, per natural diritto, esser lo-
« ro privata proprietà. Or questa è altresì, in gran par-
« te, una delle sante opere del congresso viennense,
« che Iddio rimeriti come egli ne 'l dee. Ben si con-
« viene intanto alle britanne signorie vostre l'andar-
« ci a quando a quando facendo commemorazion dell'
« *arciappostolo della rivoluzione*, acciocchè non si di-
« mentichi punto che, avendo voi stessi l'orso in ca-
« tena, sta sempre in vostro arbitrio il rimetterloci
« in campo. E, per non far più lunga chiosa, io non
« negherò miga che un *arciappostolato di rivoluzio-
« ne, e di dominazion terrestre* fosse cosa da non do-
« ver più comportare; ma a me non si potrà nè altresì
« impugnare che da comportare or non sarebbe *un
« arciappostolato di maresca dominazione, e massime
« nel Mediterraneo.*

a sola lei misera, siccome a vinta ed inerme reina, quasi del tutto dar non si volesse orecchi, sì le si opponeva perseverantemente uno de' più scellerati accordi del Buonaparte, avvegnachè ad alcun altro de' più solenni patti di lui già dagli arbitri europei più non si desse alcuna forza; siccome, in acconcio dello Stato Romano, noi già dicemmo verso il fine del primo di questi RAGIONAMENTI (32), e in un altro nostro scritto, non recato a stampa; dal quale lo stesso sig. *Hamilton* trasse alcune cose di cui egli si valse per ripulsare quell' assurda, e del tutto fittizia opposizione de' napoleonici patti (33).

E dire io debbo ancora che ben altramenti che con gli scritti suoi fu proteggitore de' romani diritti il valoroso sig. *Hamilton*, sollecitato molto anche a questo dal valente sig. dottor Bozzi Granville, pregiato medico milanese stanziato a Londra, il quale era allora in Parigi. Questo sol tanto, in pruova

---

(32) *Volume primo, facc.* 224, *e segg.*

(33) Alla distesa io qui addurre avrei dovuto i tre preallegati scritti del *Wellington*, *Castlereagh*, e *Hamilton*; ma perciocchè si contengono in essi alcune cose ch' esser debbono a' Francesi misgradite molto, io non ne addussi altro che alcuni passi.

di quel che dico del sig. *Hamilton*, io n' allegherò, cioè ch' egli, compiuta già ogni sua politica commessione in Parigi, e sollecitato a tornarsene a' suoi uficj a Londra, pur si rimase in Parigi ben un mese ancora, e tanto, quanto fu bisogno perchè ogni fittivo intoppo fosse tolto via, e l' opera commendevollissima recata a lieto fine. E con tanto più di zelo e di diligenza egli adoperò in pro di Roma, quanto più egli conosceva che avea ella mestieri di maggior sostegno ed aiuto, che non avesse alcun altro chieditore de' tolti capolavori. Conoscenti dunque di questa cordiale e parentevole sollecitudine sua sempre saranno verso lui le genti romane.

E tenutissime, e gratissime, e sempre memori di tanto beneficio elleno esser dovranno verso il Principe Reggente, e il duca di *Wellington*, e messer *Castlereagh*, ed in somma verso tutti gli statisti del governo britanno. E anche più che il governo stesso, secondochè già detto avea messer *Castlereagh*, non solamente contribuir volle alla spesa del trasporto che fu fatto per terra, da Parigi a Roma, de' più pregiati capolavori di scultura e di pittura; ma con legno del navilio inglese

trasportar fece ancora da Anversa a Civita-
vecchia i rimanenti. Opera fu questa veramente egregia, e generosa quanto più dir si
possa, ed avranne eterna corona la nazion
britanna, perchè tra le sue più belle geste
sempre sarà rammemorata. Al governo stesso dunque, in nome de' miei romani Compatrioti, io quì pubblicamente ne rendo i più
veri e cordiali ringraziamenti, quantunque
io stesso (pel dovere irrepugnabile ch' io
fornir dovea verso la mia cara italica patria),
in pressochè tutte le altre cose di lui ragionate in quest' opera mia, dator di biasimo,
e non largitor di loda sia meritamente dovuto
esser verso di lui.

L' altro sovrano, e gli altri statisti e duci
che, dopo i britanni, io nomar debbo, secondo l' ordine che di seguir meco proposi;
è il Re di Prussia, il principe di *Hardenberg*,
il principe di *Blucher*, e gli altri onorati statisti prussiani, perciocchè io di certo so ch'
essi, così come persisterono nel voler ritorre
le lor tolte cose, così tenacemente insisteron
anchè perchè le altre, altrove tolte, fosser
debitamente altresì rendute a' veri proprietarj; e spezialmente a Roma che, a sostegno
de' richiami ch' ella faceva per riaver le sue

insigni spoglie, non aveva nè in Parigi, nè in altre francesi contrade alcun suo armato tutore. E arroger si vuole a tutto questo che la restituzione di tanti capolavori (chi ben guarda alle cose da noi di sopra ragionate) originò principalissimamente dal valorosissimo principe *Blucher*. Vero è ch' egli, in que' trattati per la seconda dedizion di Parigi, non fu saldo oppositore a quella certa stipulazione da' Francesi proposta, se non per le cose prussiane ; ma tuttavia negar non si può che dall' opposizion sua non procedesse quella del non men di lui valoroso duca di *Wellington*, tempestivo difenditore tosto allor divenuto de' diritti di altre nazioni europee. Ed era altresì certa cosa che, ritogliendo il re prussiano le cose sue, similmente le loro sárebbon per ritorre gli altri sovrani, e non solamente per riavere ciò che apparteneva agli Stati loro, ma per fuggire il biasimo sommo che n' avrebbon meritamente portato nel cospetto de' sudditi loro, se cuore non avesser essi avuto d' operar prussianamente.

Particolarissima menzione io qui debbo anche fare, non meno del general *Muffling*, che di altri guerrieri dell' oste prussiana , la quale, del tempo che le cose romane furono alla per fin restituite, era a campo in Parigi. Io dunque dico ch' essi ogni sostegno, e ogni parentevole assistenza allor porsero a' commessarj romani, e che ogni commendazione da noi essi meritan per questo.

In somma tenutissimi, e gratissimi i moderni Romani sempremai anche esser dovranno all' esimio Re Prussiano, e a' principi *Hardenberg*, e *Blucher*, e a tutti gli altri onorati statisti prussiani delle recuperate lor pregiatissime cose. Ed io intanto, per parte d' essi miei Compatrioti, quì lor ne rendo le grazie che per me si possan maggiori. Il che io altresì fo con tanto più di piacere e di soddisfacimento, quanto son io più sicuro che, se negli ordinamenti parigini e viennensi la corte prussiana giovar non potè le italiche cose, non le disfavorì ella per cosa del mondo. E ben anche per que' pochi motti a che a me si degnò di scrivere il Re di Prussia (34), puossi agevolmente raccorre in che buona disposizione egli fosse, quanto al paese nostro. Che troppo bene dee conoscere quel sa-

(34) Quella lettera è addotta nella mia DEDICATORIA AGL' ITALIANI.

gace re che, se fosser finalmente bilanciati con minor disproporzione gli Stati europei, e regger per conseguente se medesima potesse l'Italia, senza mescolanze straniere; ella per certo esser dovrebbe sua natural collegata.

Or, avantichè più innanzi si proceda in questa enumerazione, conviensi ch' io alcun poco soprastìa, e dica : « Abitatori di Roma,
« agl' Inglesi, e a' Prussiani voi siete dunque
« (siccome apertamente veder doveste) prin-
« cipalissimamente tenuti dell' aver potuto
« adornar di nuovo cotesta inclita città vo-
« stra di moltissimi capolavori di statuaria, e
« di pittura, alcuni de' quali, tra tutti gli al-
« tri più pregiati e più rinomati, sono pre-
« giatissimi e rinomatissimi; perciocchè così
« ne' moderni, come ne' mezzani, non che
« vetusti tempi oltre ad ogni estimazione fur
« reputati perfettissimi, e bellissimi. E saran
« quelli perciò costà, di gran lunga più che
« non fossero altrove, opportunissimi ed uti-
« lissimi a tutta la repubblica degli artefici
« europei, della quale or è Roma la vera
« incommutabil sede. Per la qual cosa io,
« fattomi esplicatore de' nobili sentimenti
« vostri, non meno agl' Inglesi, che a' Prus-

« siani ho in questo mio ragionamento mo-
« strata la gratitudine vostra, e rendutone
« lor anche le debite grazie. Ma dalle parole
« (perchè si vegga, quelle esser veritiere)
« deesi venirne all' opera, e questa non già
« nelle mie mani, ma nelle vostre del tutto
« dimora. Or io dico che in quello che quì
« è per me ragionato, trattandosi di arti no-
« bilissime, sì mi pare che in ciò medesimo
« sia spezialmente da mettere in mostra la
« vostra gratitudine verso coloro a' quali di
« questa bella virtù voi siete tenuti di dar
« segno. Laonde tutti gli artefici inglesi, e
« prussiani i quali per lo studio, o per l'a-
« mor delle arti costà già fossero, o venis-
« sero nel tempo avvenire, esser debbono
« da voi volentier veduti, cortesemente rac-
« colti, e favoriti in questo quanto si possa
« il più, e più per avventura che far non so-
« gliasi con uomini di altre nazioni. Così per
« opera vie più vedrà il mondo che, se gl'
« Italiani de' torti, delle ingiurie, e de' mali
« lor fatti non sono troppo dimentichi, son
« tuttavia sempre ricordevoli de' benificj in
« pro di loro operati, siccome di sopra io
« anche diceva. »

Ma del resto io so pur bene che a' miei ro-

mani Compatrioti non sono bisogno nè sollecitazioni, nè prieghi miei per rispetto a
questo. Roma è stanza che ha sue porte del tutto spalancate, non che aperte ad ogni nazione per questi amenissimi studj; e venisser pur
quivi gli uomini dall'Islanda, non vi son di
meno amorosamente ricevuti, e ne' loro studj incuorati, e come nativi della terra sempre tenuti, e nelle opere loro più forse ap-
plauditi e strombazzati, che per avventura
non sieno gli stessi romani cittadini. Non maraviglia dunque che quegli statuarj, dipintori, o antiquarj stranieri che, dimorando
in Roma, chiara fama acquistarono con lo
scalpro, col pennello, ovver con gli scritti
loro, dal ridente aspetto di quella bellissima
città disverre non si poterono, se non a gran
pena. Così (per toccar di soli due esempli) il
Poussin, quantunque di Francia ito fosse a Roma, essendo egli già più che compiuto uomo,
pur tanto s'affezionò a quella placida e bella stanza, che nè i doni, nè gli agi ch'egli
trovò apparecchiati in Parigi là dove e' tornò
poi per alcun tempo, e a sollecitazione dello
stesso re Luigi XIII, non poteron tanto fare,
ch'egli rimaner volesse tra i grandi frastuo-
ni parigini. Ritornossene egli dunque a Ro-

ma, e quivi fece molte belle tavole per la
corte francese, e quivi, placidamente e mo-
destissimamente vivendo, e' compiè 'l corso
di questa brieve vita. Così il brandeburghese
dottissimo *Winkelmann*, partitosi di Roma
per dovere andare a visitar la sua patria, tanto il vinse il desiderio degl' intermessi suoi
studj romani, e anche del viver civile ch' egli
quivi gioiva, che a mezzo il corso, rivoltosi
del suo proponimento, ripigliò il cammin di
Roma. Ahi perchè in Trieste una sacrilega
mano, per l'ingordigia di poco oro, troncò
lo stame di quella preziosa vita! E oh quanto esser ne dovè dolente quel valoroso uomo
del cardinale Alessandro Albani, proteggitor
sì magnifico delle esimie arti! Nella sua stessa casa aveva in Roma albergo, e mensa l'o-
norato *Winkelmann*; e, alla vigilanza di lui,
quel generoso cardinale, peritissimo antiqua-
rio anch' egli, commesso avea l'ordinamento
di quella sua rinomatissima *villa*, la qual fu
poi, sotto i più vani ed oltraggiosi titoli, sì
crudelmente smembrata. Or a me pare che,
anche per non rimuover gli uomini futuri da
sì belle ed utilissime opere, mai non dovrebbon le incivilite nazioni mostrar se stesse così

ingenerose, ed ignobili (35). Ma torniamo a bomba.

(35) Trascorrendo io per caso, a questi passati mesi, l'opera *postuma* della *Staël*, m'abbattei a questo passo : *In sulle vette del capitolio fu bandita la Repubblica Romana; ma nella moderna Roma non eran repubblicanti altri che le statue (a)*. Non prima io ebbi ciò letto, che corsemi alla memoria quest' altro passo del *Winkelmann: Pongasi mente a Roma* (egli dice), *dove il popolo, sotto il governo presbiterale, par che senta ancora la libertà della repubblica (b)*. Or a cui credere di questi due scrittori, l' uno in gonna, e l'altro in brachesse? A colei che, altro forse non sapendo degli ultimi eventi e vicende di Roma, se non quello che n'aveva ella letto in alcuni di que' libri di viaggi che sono *sì veritieri* nelle narrazioni delle cose d'Italja; credette dar fuori una maravigliosa squisitezza con quella sua miserevole arguzia delle statue? o a colui ch'essendo ragionato e dottissimo uomo, ed in Roma lungamente vivuto, diceva apertamente quello ch' egli stesso aveva veduto e conosciuto, in acconcio dell' indole natia de' Romani? Ma già a me par anche che la *Staël* ragionasse delle cose politiche d'Italia, così come ella faceva delle letterarie nostre, delle quali fondatamente poco, o nulla ella sapeva. Egli è da dire oltracciò che

(a) *Considérations sur les principaux événemens de la révolution française*, tom. II, cap. 29.

(b) *Storia dell' arti del disegno*, lib. 1, cap. 3.

L'austriaca corte fu la terza cooperatrice di questa restituzione d'italiche cose. Ed ho io piena certezza ch' ella si valse d'ogni suo potere, acciocchè avesse l'opera compiuto effetto per tutto ciò che apparteneva a' diversi Stati per diretto, o per indiretto da lei or posseduti in Italia. Che ben ella conosceva come per lei sarebbe stato un troppo male iniziare la novella sua dominazione italica, senza proceder di pari passo in questo co' valenti Prussiani. Ma per le cose romane andavano molto sghembi gli austriaci statisti. Essi temevano (e certo non a torto) che, se rendute fossero allo Stato Romano le sue pregiatissime spoglie, non ricevesse un nuovo crollo quell' iniquo patto di Tolentino, e che perciò anche più non fosse appariscente, siccome in effetto è ora, l'ingiurioso detrimento fatto al pontificio ferrarese tenitorio. Molte altre particolarità recitar potrei intorno a questo, ma le tacerò per giuste cagioni. Lasciar di dire io però non debbo che, statuita

quella vana dottoressa, combattuta e sospinta nell' animo, or dall' antica sua popolesca origine, or dalle novelle aristocratiche sue parentezze, accatastò tante strane e contraddittorie cose in quell' operá, che è proprio una pietà il fatto suo!

poi la restituzione de' romani capolavori, gli austriaci statisti porsero ogni aiuto perchè compiutamente, e con ispeditezza fosse l'opera recata ad effetto.

A parlare or non mi resta, se non della quarta cooperatrice corte, cioè della russa; ma dal sezzaio luogo che, malgrado ch' io n'avessi, le mi convenne dare, argomentar potrassi di leggieri che lodator di lei io quì essere non debba. In effetto emmi tra le altre cose venuto alle mani non ha guari tempo lo scritto che sopra queste restituzioni gl' imperiali ministri russi presentarono agli altri statisti delle corti europee i quali, nel settembre del 1815, erano adunati in Parigi (36), e m' ha quello troppo ben confermato nella credenza la quale io avea già infino in quel tempo concetta, delle intenzioni russe intorno a questo. Ed io potrei anche quì recare alla distesa quello scritto (37); ma perciocchè,

(36) Fu questo stesso scritto da me accennato di sopra, facc. 218, in favellando d'un altro al tutto dissimigliante scritto di messer *Castlereagh*.

(37) Il qual comincia: *Le Pape a envoyé à Paris le sieur Canova pour demander la restitution des tableaux et des statues enlevés à Rome par l'armée française, durant la révolution, etc., etc.*

se io ciò facessi, sarei stretto a rispondere,
e dir cose men che lusinghevoli, sì io meco
ho proposto di rimanermene. Dirò tuttavia
che non parmi da dover credere che quegli
statisti fosser veritieri, quivi affermando, loro essere, in quel che dicono, stati ordinati
dall' augusto lor signore; perchè chi aveva
imperialmente promesso che *i beneficj suoi*
estender voleva infino alle più remote nazio-
ni (38), non doveva aver mandato cose a' ministri suoi, tanto ingiuriose, e tanto pregiu-
diziévoli alla nostra Italia. E a me anche pare
che, se quegli stessi sommi statisti del norte
erano in effetto così teneri verso la Francia,
come essi il dicevano; con la cessione della
lor quota de' posti balzelli, una più grande,
e meglio gradita pruova le avrebber essi
data della lor tenerezza. Vero è ch' essi po-
trebbonmi rispondere che non tutti gli Stati
hanno statue e quadri da ritorre, laddove
a tutti supremamente s'acconcia il tor danari; il che io non negherò punto, soggiugnen-
do però, così per passo, che la riposta loro
tornerebbe a questo che l'esser gli uomini
generosi alle spese altrui, è di tutte le vir-

(38) Vedi la FATTISPECIE, facc. 4.

tù loro la più agevole ad usare. Dolorosa Italia, in che mai tu potesti tanto disservir la
Russia (nella cui corte e' pur pare che sieno
alcuni uomini che non ti son del tutto alieni),
da doverti essere ella stata così avversa in
tutto a questi tempi (39)? Sì altiere, sprez-
zanti, e ruvide sono dunque certe novelle
dominatrici reine, che elle si piacciano di
calcare, e conculcar così le annose venerate
matrone? Or non fu questa una molto ingenerosa, ed ignobil opera? e ch' era anche da
fuggirla, per fuggir la taccia che dar suolsi meritamente ad ogni repentina smodata
grandezza, che divenga anche vana sprezza-
trice dell' altrui suggerita, ed operata de-
pressione? E mai da sdimenticar poi non sarebbe che non di rado avviene, che quanto
più la fortuna leva le cose mondane al sommo della ruota, tanto più le fa ella prossime
al poterle poscia più precipitosamente volgere in contrario.

Sopra i prenditori, e i renditor favellato,
debitamente or deesi anche ragionare, non
pur de' richieditori delle tolte pregiatissime
opere, ma de' sollecitatori ed inducitori alla

(39) Vedi Rac. I, nota 38, facc. 118.

restituzion di quelle, e di altro. Il che io anche credo che sia da mettere in mostra, perchè dall' un de' lati conoscan gl' Italiani presenti, e i futuri a quali de' lor compatrioti aver debbano più gratitudine per questo; e veggan dall' altro gli stranieri come, eziandio nelle sciagure e nelle miserie loro, sanno esser gl' Italiani generosi, e gentili. Or, perciocchè io porto fermissima opinione che alla bella Roma, non meno per la vetusta sua maggioranza, che per la maggior preziosità delle cose a lei tolte, niun' altra italica città con ragion possa contendere il primato; sì io, cominciandomi dalle romane cose, tutto ciò che mi parrà che faccia bisogno, andrò successivamente divisando intorno a questo.

Richieditore di ciò che si tolse a Roma, fu dunque, siccome esser dovea, il Santo Padre, Pio VII, cui fu in questo coadiutator diligentissimo il venerato sig. Cardinal Consalvi, segretario di stato. E pontificj commessarj a Parigi furono, cioè per le statue, pe' quadri, ed altro il nostro sommo statuario sig. marchese Canova (il quale avea a coadiutore il sig. Abate suo fratello); e pe' romani archivj, e codici manuscritti, e libri stampati, e medaglie, ed altro l' ottimo Monsignor Marino Marini, prefetto degli archivj vaticani, e nipote del defunto Monsignor Gaetano Marini, autore di molte belle opere, tra le quali quella che ha per titolo : *Gli atti, e i monumenti de' Fratelli Arvali.*

Se l' elezione del sig. Canova a quest' onorato uficio fosse acconcia all' uopo quanto si possa il più, non è da domandare. E certissimamente il suo esser venuto per questo a bella posta in Parigi, oltremodo fece tornar pro all' ottenimento delle chieste cose. L' italico Fidia, che intermette i placidi lavori delle sue immortali opere, che lascia le pacifiche tiberine rive, e corre a sollecitare in lontana romorosa terra la restituzione delle pregiatissime cose crudelmente tolte alla vera patria delle più esimie arti; apertamente testimoniava a' dirittamente ragguardanti che cosa fosse necessarissima ed urgentissima il rabbellir quella di alcuni de' suoi vetusti, e più belli fregi. Così l' insigne artefice nostro da pressochè tutti i più illustri personaggi d' Europa (i quali nel 1815, dopo la seconda dazion di Parigi, eranvi in gran numero adunati) fu o cortesemente raccolto, o urbanamente visitato, o volentier veduto sì ch' io stesso più volte il vidi tutto arrossare, e quasi intimidire de' grandissimi onor ricevuti. Nè maraviglia, che d'ogni tempo ne' sommi uomini d' Italia il più fu pari al sapere la modestia.

Consentita dunque la restituzione delle romane cose, il Canova mise mano al riprenderle, e certamente non lasciò egli in Parigi nè il Laocoonte, nè l'Apollo, nè il Mercurio di marmo pario, nè la tavola maravigliosa della Trasfigurazione, nè l'altra forse più perfetta della Vergine detta di Fuligno, nè quella sì esprimente, e sì toccante della Comunion di San Girolamo, nè altri simiglianti inimitabili capolavori; perciocchè lo scompagnare così fatte cose, senza esser grandissimo profitto al museo parigino, stato sarebbe grandissimo detrimento all'universale, ed impareggiabile scuola patente in Roma a tutte la nazioni della terra. E io dirò anche più innanzi. Il sig. Canova non avrebbe nè altresì potuto lasciar volontariamente alcune di quelle primarie cose (siccome pareva che si volesse in Parigi), senza che a lui ne venisse grandissmo biasimo. E che vero sia quello ch'io dico, ben puote ogni uomo averne una solenne testificazione, leggendo nell'allegata opera dello *Schoell* (40) i richiami fatti, per le tolte ro-

(40) *Recueil etc.*, tom. IX, pag. 247, e segg.

mane cose, a' sovrani collegati da' più valenti artefici stranieri ch' erano allora in Roma ; in capo de' quali è il danese sig. *Thorwaldson*, or divenuto italico, perciocchè sì valente statuario lui rendè la romana scuola, ch' emulatore egli è già de' più valenti artefici nostri.

Dicevano, tra più altre cose, que' preclari artefici, Roma essere la centrale, e migliore scuola delle arti; quivi i Francesi stessi (quantunque in Parigi avesser essi rammontati pressochè tutti i più belli capolavori di scultura, e di pittura che sieno in Europa) aver dovuto mandare i loro studenti artefici, perchè in sola quella città potevan questi aggiugnere alla perfezione; quivi l'apparenza de' luoghi, la quiete, la meditazione da romorose cure non distratta, la naturalezza del vivere, e l'indole, e altresì le sembianze degli abitatori porgere agli uomini un placido, e puro godimento delle cose alle arti pertinenti; e quivi in somma la natura gareggiar con l' arte pel vicendevole lor perfezionamento (41).

(41) Tutte queste medesime, ed altre così fatte cose dice più distesamente dell' Italia, e massime di Roma, il *Winkelmann*, nella sua già allegata *Storia dell' arti del disegno;* tom. I, lib. I, cap. 3.

Ma, quantunque di que' romani capolavori
oltre a tutti gli altri insignissimi, alcuno non
lasciasse in Parigi, nè senza suo grave carico
lasciar potesse il sig. Canova, di moltissimi
tuttavia fece egli dono alla Francia, i quali,
al fatto della pregiabilità, rasentano il primo
segno; perciocchè è cosa di fatto che que'
liberi uomini che, liberalmente operando,
andarono a Roma per dispogliarla, tolsero
quivi il fiore, e non già lo sceltume delle opere di statuaria, e di pittura. Così, tra le ven-
tidue marmoree cose da lui non ritolte, si
annovera la bellissima colossale statua del
Tevere, ch' era rispondente a quella del Ni-
lo; e l'altra, similmente colossale, della Mel-
pomene; e un busto rarissimo d'Omero; e
le statue sedenti di Traiano, e di Demostene,
e ritte e in toga quelle d'Augusto, e di Ti-
berio; ed il trono, nomato di Bacco, e quello
di Cerere; e un gran candelabro; ed il sar-
cofago delle Nereidi; e l'altro delle Muse,
detto di Campidoglio.

Oltracciò pressochè cinquanta preziosi quadri egli similmente lasciò in Francia, tra' quali
da quattordici del Perugino, e otto del Guer-
cino, ed altri del Guido, dell'Albani, del
del Barocci, del Tiarini, di Paolo Veronese,

del Pinturucchio, del Sassoferrato, di Ghe-
rardo delle Notti, e di altri, così come tre
quadri di Annibale Caracci, ne' quali quel suo
bellissimo capolavoro, rappresentante Cristo nel sepolcro sostenuto dalla Vergine, *il
qual* era in Roma nella chiesa di San Francesco a Ripa.

Nè creder già si voglia che a così generosamente operare foss' egli allor consigliato,
o stimolato ed ordinato da coloro appo i
quali in Parigi era di que' tempi la somma
potestà, perciocchè sono io stesso testimonie
di tutte contrarie cose. E per certo io posso
asseverantemente affermare che a lui tutto dì
si ripeteva (e da persone autorevolissime)
che, stata essendo Roma dispogliata di que'
suoi capolavori contro agli usi inviolabil-
mente servati di lunghissimi tempi davanti
tra le incivilite nazioni europee, tutto esser
doveale fedelmente renduto; e con ciò anche dato al mondo uno de' più begli esempli
di moralità.

Ma il dolcissimo ed amenissimo artefice
nostro, senza mai commuoversi a queste calde sollecitazioni, e senza mai mostrare alcun risentimento verso i toglitori delle romane cose, e sempre nelle spalle ristrignen-

dosi, e sempre facendo bocca da ridere, con quella sua natia italica piacevolezza, e modestia sempremai rispondeva, lui voler senza fallo far ricondurre a Roma tutto ciò che aveva ella necessario e per meglio rabbellir se stessa, e meglio favoreggiare ogni gente negli amenissimi studj delle arti più pregiate; ma che nondimeno di tutte quelle cose ch' ella aveva altre del tutto pari, o simiglianti, egli non intendeva in alcuna maniera di privar Parigi, posciachè quelle già v' erano; questa essendo altresì la volontà del Santo Padre per sua deferenza verso il legislatore, e dotto re di Francia, Luigi XVIII. E così come il Canova disse, così recò l'opera ad effetto, secondochè dinanzi fu per me mostrato. Or se fu discortesia il parlar contro lui come si fece a que' tempi in Parigi, ognuno il può, per le predette cose, troppo ben giudicare (42).

Ed è da soggiugnere a tutto questo che,

(42) Ne' fogli del *Monitor* di Parigi, de' 19 e 20 di Aprile 1817, ne' quali si dà un sunto delle statue e de' quadri del museo parigino, parlasi delle cose di statuaria donate da Sua Santità alla Francia, ma nè altresì un motto è detto quivi de' tanti quadri anche da lui concedutile.

cedendo tutte le sopraddette cose il sig. Canova in nome di Pio VII, aveva pattovito che si renderebbe a Roma la tavola più pregiata del Perugino, rappresentante l'ascension di Cristo, la quale era in Lione; ma i Lionesi fatti di ciò scorti, e tosto supplicato il Santo Padre che lor volesse concederla, Sua Santità generosamente lor fu cortese di sì pregiata cosa, la qual sarà sempre uno de più begli ornamenti di quella città.

Espedito ciò che era da ragionare intorno alle statue e a' quadri, a favellar venghiamo ora sopra le altre cose rendute allo Stato Romano; delle quali, siccome detto è, la cura era principalmente affidata a Monsig. Marino Marini. Io dico dunque innanzi innanzi che egli, e senza il sussidio d'alcuna altra persona, adoperò quanto il più per lui si potè, che fosser compiutamente riportati a Roma gli archivj stati già trasportati in Francia, per saziare l'oltraggiosa, ed inenarrabile avidezza del Buonaparte, e de' consiglieri suoi; i quali pareva, non dovere esser mai satolli del voler tutto da tutta Europa ammontare in Parigi, se non quando, mortalmente invelenito l'odio delle nazioni, fosser quelle pressochè violentate ad insieme congiurarsi

di venire a ritorre le già tolte cose (43). Più
volte venne per questo di Roma a Parigi il

(43) Toccherò qui d'una sola cosa, per mostrare come fosse grande, e come ad una ora mal consigliata quest' avidezza. Tra i manuscritti della biblioteca vaticana n' era uno (ed è or tuttavia) del poema di Dante scritto diligentissimamente, ed in bellissima manuale scrittura dal Boccaccio, che n' avea fatto presente al Petrarca. Questo egregio testo, preziosissimo per gl' Italiani, esser dovea pressochè disutile pe' Francesi, che generalmente si danno poca briga di studiare le lingue straniere. E pure anche questa preziosa cosa tor si volle all' Italia. Or non si può negare che gli uomini i quali operarono così fatte crudeltà, non avean per certo in animo d' affezionar gli stranieri alla Francia. E' pare anzi ch' essi andasser cercando col fuscellino, e mettendo in atto tutto ciò che potesse muoverle contro l'odio universale. E nel vero cosa odiosissima fu questa. Che avrebbon detto i Francesi, se gli stranieri, stati due volte a questi anni passati in Parigi, avesser lor tolto i manuscritti autentici de' loro migliori scrittori? Puossi affermare (se così vergognosamente da coloro si fosse allora operato) che i Francesi non avrebbon mai rifinito (e per certo con somma ragione) di gridare a testa, e dir loro di questo ogni sorte villania.

Il defunto *Ginguené*, nella sua *Storia letteraria d'Italia*, due volte parlò di questo manuscritto (a), ed

(a) Tom. II, cap. 12, sez. 2, facc. 412; e tom. III, cap. 15, facc. 15.

diligente Monsig. Marini, e non dubito io punto che sempre grata verso lui sarà la corte pontificia della sollecitudine, della fedeltà, ed altresì della parsimonia da lui usata per recar l'opera ad effetto. Senzachè in ispezialità conoscente la stessa corte esser gli dée dello averle egli preservati dalla dispersione più centinaia di codici, contenenti le autentiche copie delle bolle romane, i quali da incauta italica persona erano stati imprudentissimamente venduti a' pizzicagnoli parigini, a peso e prezzo di cartaccia. In somma recarsi a molta gloria sempre dovrà l'onestissimo Monsig. Marini l'avere egli, con istudiosa sollecitudine, saputo racquistare e far ricondurre alla nostra romana patria, pressochè tutte le preziose scritture degli archivj che eranle stati rapiti (44).

amendue le volte, piuttosto che biasimare quell' ontoso rapimento, egli diligentemente mise cura di dire in nota, ch' era già quell' antico scritto nella *biblioteca imperiale*. A me dunque era caduto nell' animo ch' egli anche, così operando, avesse voluto millantarsi di quella rea opera. Ma il mio, non meno ottimo Italiano che amico, sig. Niccolò Basti, il quale avea stretta amicizia con esso *Ginguené*, hammi intorno a questo fatto certo del contrario.

(44) E nel vero altro non mancò di questi archivj

Fu eziandio lo stesso Monsig. Marino Marini (col sussidio però di altri suoi compatrio-

(secondochè lo stesso Monsig. Marini a me disse) che alcune cose dell' antico carteggio tra la corte pontificia e la francese, e massime per rispetto a' Templari; ed oltracciò gli scritti della legazione del defunto cardinal Caprara, ed il processo del Galilei, stato portato in Parigi con le altre scritture del sant' ufizio. Ma eziandio per la recuperazione di tutte queste cose, che diconsi smarrite, o sottratte da private persone, fece il medesimo Marini iterate, e calde istanze al governo francese; nè certo per diffetto suo non furon quelle scritte infino a qui recuperate. Al fatto però del processo del Galilei, creder forse si potrebbe che sia sollecita la romana corte a voler riaverlo, per tor via la pruova delle sevizie già verso lui operate, siccome in tanti pubblici scritti asseverantemente affermossi. Or l'opera sta tutto altramenti, poichè Monsig. Marini mi certificò che la corte medesima, non per altra ragione desidera di recuperarlo, se non per potere, per via di quello, mostrar sempre tutti contrarj fatti. Di che troppo ben mi viene in concio il dover qui notare alla sfuggita, gl' Italiani esser generalmente in ogni cosa di più temperata natura che le stranie genti non soglion dire, per dar loro mala voce. E in effetto, avvegnachè sempre si ripeta ne' paesi d' oltremonti che stien essi tutto 'l dì con in mano uno stilo, per iscannarsi rabbiosamente, e trucidarsi a vicenda; cosa è tuttavia di fatto che, nè altresì nelle gare religiose, le quali soglion pur tanto accendere gli animi umani,

ti (45)) sollecitator diligente della restituzione de 'codici vaticani, e de' libri di antichissime e rarissime edizioni, e delle medaglie, e di altro. Le quali tutte cose essendo in gran parte servate nella doviziosissima principal libreria parigina, furon da' conservator di quella anche in gran parte rendute. Ma quantunque fosse

mai non si discorse in Italia a certe crudeltà, a certi barbari eccessi. Così radissime furon quivi ne' tempi andati le arsioni degli uomini, nè mai (tacendo il resto) fu bruttata la nostra terra per istragi pari a quelle che, in alcune contrade europee, e massime ne' dì che furon elle barbaramente asseguite, destano anche oggidì una funestissima rammemorazione.

(45) Tra questi sussidiarj, non già nelle cose ritolte da Monsig. Marini, ma in quelle di scultura e di pittura, è da nomar segnatamente l'onesto, e diligente sig. Benedetto Fiordeponti da Rieti, il quale con somma cura, e zelo, ed amor patrio recò ad effetto l'uficio a lui commesso.

E quì, oltre alle persone che furon sollecite alla recuperazione delle pregiate cose già tolte allo Stato Romano, io far debbo, come fo, particolar menzione dell'ottimo sig. Panvini Rosati, stato commessario pontificio in Parigi pe' richiami che si fecero, per alcuni crediti romani. Egli con tanto zelo, lealtà, ed efficacia diè compimento, quanto egli potè, all'opera commessagli, che sempre grati esser di ciò gli dovranno, non meno il governo pontificale, che i romani cittadini.

certissimamente assai più grande il numero delle rendute, che delle non rendute cose, io per me non saprei dire se così stia veramente l' opera, quanto al pregio delle une a rispetto delle altre. E nel vero, senza parlare di alcun codice, o libro, o altra cosa rara gentilmente ceduta; io, per mostrar che forse non del tutto alieno dal vero è il dubbio mio, toccar voglio di solo un capo sopra tutto questo.

Tra le più pregiate cose tolte da' Francesi al museo vaticano, era una serie pregiatissima di cinquecento medaglioni antichi, raccolti quivi con grande spesa, ed indagine, e diligenza nello spazio di centinaia d'anni. Or per questo stavano veramente in gran pensiero que' conservatori, e temevan forte non si volesse ad ogni partito ritorli; il che grandissimo detrimento, e sconcio sarebbe stato alla copiosa, e ben ordinata serie delle medaglie loro. Ed andavano essi perciò ravvolgendosi in cento guise, e menando le cose per la lunga, acciocchè si potesse veder modo come schifar questa restituzione. Ma alla per fine, strignendoli le istanze che loro eran fatte, furon costretti ad accontarsi per questo con Monsig. Marini, e col sig. Abate, fratello del sig. Canova (dalla volontà de' quali la cession dipendeva); e cominciatisi dal far mille querimonie, e sollecitazioni, e prieghi intorno a ciò, essi ne vennero a questa conclusione : *che cosa molto discara sarebbe stata al re di Francia che gli fosse guasta la preziosa serie delle sue medaglie.* Or, quantunque fosse grandissimo il desiderio di que' due commessarj romani di addur di nuovo alla loro bella patria quelle sue insigni cose; non pertanto, come ebber eglino udito profferire il nome del re, non bisognò più avanti. Ristrettisi nelle spalle, e non facendo più cuor duro per questa restituzione, non una terza parte, non una metà, ma interi interi essi cederono i cinquecento rarissimi medaglioni. E certissimamente fu questa, niuno il mi potrà negare, una italica generosità da dovere esser sempre rammemorata.

. Egli è vero che si vollero lor dare, per mostrar loro gratitudine di tanto dono, alcune medaglie ch' eran di soperchio alla numerosa serie di quelle di Parigi; ma i medaglisti romani, razzolatele poscia diligentemente, conobber di leggieri, quelle essere proprio una beffe a rispetto della preziosità, e del valore de' vetusti medaglioni del Vaticano, stati

tutti generosamente ceduti. Alla qual cessione asseguire (ogni ragion vuole ch' io anche
il dica) molto valsero verso i romani commessarj i cortesi modi e gentili di alcuni di
que' conservatori, ed altri uficiali della parigina libreria, e massime de' gentilissimi ed
onestissimi sigg. *Van-praet*, *Chezy*, e *Hase*;
il primo de' quali è uno de' più periti co-
noscitor di pregiati libri che mai furono, e
gli altri due son di lingue orientali dottissimi professori. E, per la stessa ragione del
dover dare a ciascuno il suo dovuto, io dir
debbo similmente che, dopo tanta liberalità
de' romani commessarj, si trovò veramente
dura la renitenza di due di que' signori della
libreria stessa alla restituzione di alcuni rimasugli della cospicua serie di cammei già tolti al museo vaticano. E dico rimasugli, perchè non fur più rinvenuti, nè quel cesareo
rinomatissimo cammeo ch' era di tanto pregio, nè altri anche pregiati molto, i quali
adornavano il museo stesso (46).

(46) Per rispetto a questi due signori, io rapportar
qui voglio alcuni motti che, presente di me, quel fran-
co, gentile, e leale uomo del sig. *Quatremère de Quin-*
cy, piacevolmente *ridendo*, diceva un dì a' commessarj romani, dietro aver più altre cose egli lor detto;

Ma a petto alla sordida avidezza, e alla discortesia di que' due messeri mettasi in mostra la liberalità, e la gentilezza somma di un loro compatriota. Aveva il Buonaparte (quando liberamente egli credea d'operare, volgendo in beffe la credenza de' popoli) fatto rapire alla chiesa di Loreto, e trasportare in Parigi, oltre alla statuetta di legno rappresentante la Madonna in cui è quella chiesa intitolata, alcuni sacri vaselli di pregiate pietre, ed altro. Venuto egli poscia in maggior grado e potere, e per le ulteriori sue imprese d'assoluta dominazione e di perpetuità di schiatte, giovandogli di fare alcuna mostra di religiosità, rimandò a Loreto la statuetta di legno, ma non già le altre cose che avean pregio pecuniario, essendo egli troppo av-

---

i quali motti sono questi : *Voilà, messieurs, comme nous sommes; il ne faut pas s'en étonner. Nous avons été dans presque toutes les villes de l'Europe, et y avons pris tout ce qui était à notre convenance. Maintenant on est venu chez nous : on ne prend que ce que nous avions pris; et cependant nous disons qu'on nous pille.* E, questo detto, riprese egli a ridere con gli altri che anche ridevano, veggendo sì acconciamente da lui esemplificata quella sentenziosa inchiesta del nostro Venosino : *Ridentem dicere verum quid vetat?*

verso al rendere da dover sopra ciò alcuna
considerazione farlo volgere in contrario.
Rimaser dunque a Parigi que' sacri arredi
lauretani, ed eran serbati nella gran conserva de' minerali sotto la principal custodia del
sig. Abate *Haüy*, dottissimo, e rinomatissimo professore nelle più recondite scienze naturali; appo il quale eran similmente alcuni
saggi di minerali, ed altre così fatte cose,
state tolte all' Università di Bologna. Or, per
recuperar tutto questo, ad esso sig. *Haüy*
rivolger doveronsi i commessarj romani; e
perciò furon essi a lui. Egli dunque, non
pur gentilissimamente tutti li raccolse, e le
loro dimande non rifiutò punto, sempre anzi dicendo che ciò che alla Francia non ap-
perteneva, debitamente render dovevasi; ma
tutto, fuor solamente le cose disperse, egli
poscia con effetto rendè loro. E per mostrare
altresì che, piuttosto a esser dator che ren-
ditore era volto l'animo suo, compensar volle,
quanto egli potè, con le sue proprie cose la
mancanza di alcune altre bolognesi. In som-
maa chiedere a lingua egli fu leale, liberale,
cortese, e gentile verso i romani commessarj.
Tacciansi dunque quegli adirosi, e sprezzan-
ti uomini di altre nazioni i quali, largheg-

giando a bella posta ne' biasimi, e in altre forme la verità rivolgendo, presumon diffettare fuor d'ogni misura la nazion francese. No, non mancan certo alla Francia uomini lealissimi, ed onestissimi, e di questi son per certo due specchiati esempli i sigg. *Haüy*, e *Quatremère de Quincy*.

Del resto tanto furon conoscenti i romani commessarj de' leali e cortesi modi del sig. Abate *Haüy*, che in altre cose furon anch' essi più che compiacenti. Siane questa un altra pruova. Erano stati eziandio tolti al Vaticano alcuni di que' vasi, e de' più pregiati che mai si rinvennero, i quali impropriamente nomansi *etruschi*; e in luogo di quelli (per artificio d'un nostro stesso Italiano, il qual poi ne menava vanto) ne furon dati altri, che a pezza non valevano i nostri. Si venne appresso in conoscimento dell' opera disleale, ma tuttavia i romani commessarj, per usata loro generosità, non ne dieder segno in alcuna maniera.

Oltre a tutte le sopraddette cose ragionate sopra lo Stato Romano, io lasciar di dire altresì non debbo che tenuta molto esser dee la Francia agli Abitator di Roma, e al Sommo Pontefice, che di quella è sovra-

no, del non aver fatto alcun richiamo per
la galleria celeberrima di statue della casa
Borghese, le quali furon trasportate in Parigi. Oh, ma qui ogni uom se n'empierà la
bocca, e sclamerà: « E forse chè possonsi
« far richiami per cosa pagata co' *pubblici*
« *danari* (47) della Francia? » No, io, nol
niego punto, richiamar non si dee, e non
puossi di cosa venduta; ma (senza, stare
a discutere qual sarebbe stato il vero prezzo
d'una sì rara cosa, che gareggia per preziosità, e per rinomanza con lo stesso museo vaticano) ben io, rispondendo, doman-
derò se possa altri vendere una sua proprietà contro alle vetuste leggi del suo paese
(48)? Or è cosa certissima che per antichis-

(47) E per certo negli scritti che intorno a ciò si die-
ron fuori ne' soprallegati fogli del *Monitor* di Parigi
de' 19 e 20 di aprile 1817, ebbesi ogni cura di dire
che fosse la galleria de' Borghesi *acquise* TOUTE ENTIÈRE
des deniers publics, en 1808. Or è anche una solenne
menzogna che fosse quella *intera intera* acquistata co'
denari francesi. Il bel tenimento di Lucedio (senza
ch' io stia a parlar d' altro che all' Italia non appartie-
ne) è certissimamente italica proprietà, e fu data per
parte di prezzo in quella compera. Così l' Italia pagò
anche in parte il prezzo di ciò che le si tolse!

(48) *Law of the land*, siccome ben dicono gl' Inglesi.

sima, ed ottimissima legge in Roma è statuito che niuno degli antichi capolavori di sta-
.tuaria, e di pittura, e le antichità d'ogni maniera non si possano di quindi torre via. E
quantunque talvolta (o per le violenze usate
da' prepotenti Stati contro la tenuità di quello di Roma, o per considerazioni e deferen-
ze religiose, o per altro) colà fosse stata per
alcune cose questa savia legge violata; pur
le violazioni non fur mai, nè così oltraggiose, nè così barbare, come questa delle cose
de' Borghesi, e quella precedente di cose
pubbliche; amendue operate dall'amato nostro messer Napoleone, e da' suoi fedelissi-
mi sozj. Senzachè la galleria de' Borghesi per
istrettìssimo fedecommesso, non men del padre, che degli antenati loro, era proprietà
del tutto inalienabile, e della quale, senza
violar le leggi patrie, mai Roma privar non
potevasi.

Per le quali cose Pio VII, ch' era ancor
nella sua sede, quando questa seconda violazion di patrie leggi ebbe luogo in Roma,
altamente protestò a' soldati francesi che eran
quivi, e davan compimento al secondo spoglio di quella misera città. Ma le proteste, e
i richiami contro la forza e la violenza non

son da cosa veruna. E gl' Italiani anche quì
avranno una novella pruova di quello che,
in questi miei RAGIONAMENTI, io cento volte dissi, e ripetei; cioè che, se non si por-
rann' essi una volta in cuore di volere esser
tutti d' unanime sentimento, per tosto dover mandare ad esecuzione una patria colleganza, mai non saranno eglino tanto forti,
quanto lor si convenga, per fuggir le pre-
potenze, e le ingiurie delle genti oltramontane.

Come che ciò sia, posciachè le statue della
galleria de' Borghesi sono fuor della mia patria, a me piace sommamente che questa bella città di Parigi sia insignita d' una sì pregevole e sì rinomata cosa, e alla quale, dal
museo vaticano in fuori, non è altro nel mondo che si possa in alcun modo appareggiare,
per cose di statuaria. E tanto è ciò vero che
i Borghesi, quando eran di quella i posseditori, aveano in Roma quasi come sembianza
di sovrani; che in effetto niun sovrano europeo vantar potevasi di possedere un sì co-
pioso, e sì raro aggregamento di preziose
antichità. Così non perveniva in Roma alcuno
straniero che per ricchezza, per dignità, per
grado, per sapere, o per altro fosse da pre-

giare, il qual non corresse a lor rendere onore; e principalmente perchè fossegli conceduto l'andarsi a ricreare a suo bell'agio nel
casino, o piuttosto nella reggia della lor bellissima *villa;* là dove eran le loro statue con
sì bell'ordine, con sì vago compartimento,
e con tanta sontuosità messe in mostra, che
mai non potrebbesi per me divisare (49).

(49) Tuttavia io dir non potrei quante volte qui in
Parigi io abbia avuto a ristrignermi nelle spalle, veggendo in che iattanza si levasser certi scrittori, non
solamente per le liete accoglienze che da lor si diceva
essere state fatte in Francia a' capolavori rapiti al popolo romano, ma per la maniera altresì più cospicua
con cui, a rispetto di Roma, essi affermavano che fosser quegli stati qui collocati nel museo parigino. Or
io vorrei che mi si dicesse primieramente qual mai sarebbe stato il popolo d'Europa il qual con gioia e con
giubilo non avesse ricevuto sì rare, e sì pregiate cose? e
massime se gli si fosser quelle anche in parte recate in
casa alle spese de' miseri Italiani? Quanto è poi alla
più cospicua lor collocazione, quei che così parlano,
mostra bene che non sieno mai stati a Roma, e che
mai perciò veduto non abbiano nè i musei, nè le romane *ville*, nè la studiosa cura che quivi si ha, per
restaurare, per mettere in veduta, e servare illese le
pregiate cose di statuaria, e di pittura. Basti il dire
che per collocar debitamente l'Apollo, il Laocoonte,
ed altre così fatte più rare cose di scultura, fu già nel
Vaticano edificato a posta un bel tempietto.

Ben mi ricorda anche aver veduto nella mia prima giovanezza l' onoratissimo padre de' presenti sigg. Borghesi esser tutto sollecito a dar belle feste agli abitator di Roma nel dintorno di quel bellissimo laghetto che con manuale artificio egli medesimo avea fatto fare nella stessa sua deliziosa *villa*. Il valentuomo, senza andar punto ornato della persona, ma in ischietto vestire, con in mano un suo bastoncino e in testa un petasetto bianco, quivi sovente mescolavasi tra le persone più volgari; e quantunque studiosamente egli procacciasse di nasconder se stesso, pur in tanta reverenza l' aveva il popolo il quale alle sue proprie spese egli rallegrava con belle feste, e teneva in sollazzo, che ogni uomo, inclinandolo, si rincontucciava per lasciar lui a suo bell' agio passare. I suoi figliuoli benchè divenuti molto più ricchi col ritratto delle vendute cose, potranno forse mai sperare che il popolo romano (il quale fu frodato d'una indiretta sua proprietà in quella vendita) così gli onori, come egli meritamente onorava il lor defunto padre? Io per me nol posso credere in alcuna maniera.

Delle cose romane è detto assai : tocchiamo ora alcuna cosa delle toscane, delle quali fu

chieditore quel serenissimo Granduca per via
dell' egregio sig. cavalier senatore Giovanni
degli Alessandri, il quale avea seco, come sus-
sidiario, il valente pittor toscano sig. Benvenu-
ti. Io dico dunque che diligentissimo sollecita-
tore della restituzion di quelle fu in effetto esso
sig. Alessandri, e che ebbe egli il piacere ed il
vanto di recar l'opera ad effetto, facendole addur nuovamente nella bellissima provincia che
più d'ogni altra che nel mondo sia, per certo
è degna di possederle. E nel vero chi potrà
mai negare che il paese dove rimaser per alcuno spazio (così come addivenne non ha
grandissimo tempo in Toscana) tutte vote le
prigioni di rei, e tutte spalancate le porte di
quelle, non sia sol tanto abitato da genti che
assai più che tutte le altre europee, sono
umane, costumate, avvenenti, gentili, savie, ed in somma più che qualunque altro popolo incivilite? E chi per conseguente po-
trammi con ragion negare che a quella sì gentil popolazione, molto più che a quale che
sia altra, la possession non si convenisse di
quelle cose sue? e maggiormente che parto
sono in gran parte quelle de' medesimi artefici suoi? e di quegli artefici appunto che
(siccome anche disse uno inimitabile scrittor

toscano) « avevan quell'arte ritornata in luce
« che molti secoli (sotto gli errori d'alcuni
« che più a dilettar gli occhi degl'ignoranti,
« che a compiacere allo 'ntelletto de'savj di-
« pignendo) era stata sepulta (50)? » E altresì di quella bellissima Venere Medicea, che
con le sue dilicate forme tutta ritrae l'antica
gentilezza greca, a cui mai, se non che a un
barbaro conquistatore, potea cader nell'animo di torne la possessione a'gentilissimi Toscani? Ma la cosa andò pur così; e, senza farne
più lunghe querimonie, ritorniamo al valoroso sig. cavaliere degli Alessandri.

Egli dunque, siccome testè io dicéva, ogni
sua cura pose, sì perchè le cose toscane gli
fosser debitamente rendute, sì perchè in Toscana fosser quelle diligentemente riportàte.
Or, da lui conseguita la prima cosa, questo
affermar di lui io posso, quanto alla seconda,
cioè che tutto operoso, e tutto affaticante io
stesso il vidi, acciocchè sì bene acconcia ed
assodata fosse tra le confitte assi quella va-
ghissima medicea statua, che così in Firenze
ella pervenisse, come n'era stata tratta. E
l'opera di lui avendo avuto in tutto il desia-

(50) Il Boccaccio, Decam., nov. 55.

to effetto, non solamente per le cose di statuaria e di pittura, ma per quasi tutto ciò
altro che avea egli a ritorre; sì l'Italia aver
ne gli dee perpetua conoscenza, e lui tener
sempre per uno de' più benemeriti suoi cittadini. In servigio del quale io nè altresì credo che sia da tacere la generosità ch' egli
ebbe di lasciare a' Francesi alcune di quelle
primordiali opere de' dipintori toscani, e anche perchè col visivo lor senso meglio conoscer possano gli uomini d' oltremonti, che
del rinascimento di quest' arte pregiatissima,
come di altre egregie cose, al sublime e gen-
tilissimo ingegno degl' Italiani di Toscana ne
debbon egli esser tenuti.

Di tutte le piemontesi e genovesi cose, debitamente rivolute dal veramente italico Re
Subalpino, fu in nome di lui richieditore il
sig. avvocato Luigi Costa. Dipinture, statue,
opere preziose d' altra fatta, e libri, e manuscritti rari, e doviziosi archivj subalpini e liguri, ed in somma ciò che recuperar si potè
delle cose tolte a que' due Stati, tutto ritolse,
mise in assetto, e fece ricondurre al debito
luogo il diligentissimo sig. Costa. E io dirò
anche più innanzi. Egli operò eziandio ciò che
alcun altro non fece, perciocchè non lieve

parte ancora di que' quadri del re subalpino ch' erano stati tolti da persone private, egli procacciò di riavere, e riebbe, e rimandò nelle subalpine contrade. E ben puossi perciò dire che, se la natura nol fece grande della persona, molto il vantaggiò ella di destrezza, di diligenza, d' incessanza nell' operare, è di caldo amor patrio, sì che non indecentemente, come faceva il prete da Varlungo, ma con molta decenza, e ragione egli può dire : *vada l' un per l' altro* (51). Sommamente grata anche a lui dunque debb' esser l' Italia per le cose intorno a tutto questo da lui operate in Parigi, e spezialmente il comun di Genova, per la cura che, oltre alle tante altre, egli ebbe di farle riavere quella sua insigne tavola del martirio di Santo Stefano; opera maravigliosa del primo discepolo del supremo maestro de' dipintori. Del rimanente non è quì fuor di luogo il rammemorare ancora, che molta gratitudine dee aver la Francia al re subalpino del nobil dono ch' egli le fece, di quel rinomatissimo quadro chiamato *l' Idropica del Girard Dow*.

Di ciò che si tolse al Ducato di Parma, fu

_____

(51) Vedi la nov. 72 del Decam.

sollecito chieditore, e ricuperatore il sig. Pog-
gi, natio delle stesse parmigiane contrade,
e dimorante in Parigi da molti anni in quà.
Egli tutto rimandò diligentemente al debito
luogo, e perciò egli è ancor per questo uno
de' benemeriti italici cittadini, verso il quale
esser dee la comune patria nostra debitamente grata.

Resterebbemi ora a parlare delle tante, e
tanto belle cose rendute a' Milanesi, e a' Veneti; ma, soli gli Austriaci essendosi di ciò
brigati, perchè, nel pupillare stato in cui
son gli uni e gli altri tenuti, a niun di loro
fu conceduto il poter venir per questo a Parigi; altro io non potei saperne, se non che
quello che venne a notizia d'ognuno. E ognuno dee leggermente poter credere che troppo profana temerità sarebbe stata di volgare uomo, come io mi sono, e, che è più,
italianamente pensante e volente, l'andare
investigando le recondite opere degli stranieri verso l'Italia, quantunque sia questa la
patria mia, e non punto la loro. Ben io debbo creder nondimeno che, col favore dell'
austriaco potere, tutte, o pressochè tutte le
pregiate cose tolte, non meno al Veneto, che
al Milanese Stato, fosser debitamente ren-

dute; posciacchè tanto fu in questo diligente, sollecita, e non rispettiva l'oste austriaca
la quale era in Parigi nel 1815, che, non già
di nottetempo, ma quando il sole era a mezzo il cielo, ella spiccar fece d'in su 'l trion-
fal arco napoleonico la veneta quadriga. E fu
quella con l'alato leone ridonata alla sconso-
lata Donna dell' Adriatico, per veder modo
di rasciugare, almeno in questo, le incessanti lagrime sue. In somma delle più pregiate milanesi, e venete cose e' pare che altro in Parigi non lasciasser gli Austriaci, se
non che quelle due maravigliose tavole, l'u-
na di Tiziano, e l'altra di Paolo Veronese,
le quali, siccome esimie opere, a tutta Europa
sono note sotto i nomi di *Coronazion di spi-
ne*, e *Nozze di Cana*. Oltremodo care tener
dunque debbonle i Francesi, posciacchè, per
pregiabilità, elle rasentano il primo grado,
e dar non potrebbonsi in iscambio, se non
de' pochi più rinomati, e più pregevoli italici quadri.

Or la sequela, e 'l fatto di tutto ciò che abbiam ragionato, si è che la Francia, con l'aggregamento di tutte queste italiche pregiatissime cose, possiede al presente, senza parlar
d'altro, un museo inestimabile, al quale,

fuor solamente il museo vaticano, niun altro si può nel mondo porre pari. Ed io per me sincerissimamente quì tuttavia ripeto che, posciachè la mia cara italica patria perdè sì gran parte de' suoi tesori, molto meglio io amo che sia di quelli posseditrice questa bella città, che alcun' altra europea. Ma con l' usata franchezza, e libertà mia non credo io dimeno dover dire a' Francesi, questo essere un altro de' tanti belli frutti che ci generò il loro esser venuti in Italia, e menate le cose nostre in modo, che riuscir noi ne dovessimo a perniziosissimo fine, siccome, se io non sono al tutto ingannato, quest' opera mia apertissimamente il dimostra. Che quantunque da altrui che da loro, fosse poi per forza fitto il suggello a' nostri mali, tuttavia contender punto non puossi, loro i primi orditori essere stati delle presenti nostre sciagure. Nè perciò posso e debbo io credere (ove di fatto i Francesi mostrar vogliansi così leali e generosi uomini, come sovente se stessi eglino nomano), lor volere con sommo loro scorno volgere in giuoco, o in ischerni degl' Italiani le verissime cose ch' io quì dico.

Vero è che le possenti e bellicose nazioni, in sola la lor forza fidandosi, e di ciò ch' è giusto e del suo contrario non brigandosi per cosa del mondo, sogliono avere a vile i minori Stati, e non fare verun conto, e nè altresì rammemorarsi de' mali che lor possan elle avere operati. Ma, quale che sia la noncuranza che per le giuste o ingiuste cose aver si possa, a me pare che, sagacemente e senza proprio danno volendosi operare, mai tanta fidanza dovrebbesi aver nelle proprie forze, e nelle guerresche imprese, che de' danni e de' mali altrui cagionati non si facesse alcuna stima, e parlassesi anzi con ispregio, e con beffa de' dannificati. E voglio io dunque dire che le nazioni le quali vogliono aver chiara, e durevol fama d'onore, di leal fede, di generosità, e di vera gloria (cose tutte che hanno un invisibil potere, di gran lunga maggiore che la patente forza.) molto men le buone, che le ree cose operate, e meno i beni che' mali altrui fatti, debbono avere a mente, e procacciar di ripargli il più tosto, e il più compiutamente che far si possa. E aver si può per certissimo che, così operando verso i popoli, più alla propria, che all'altrui utilità suolsi provvedere. Infinattantochè (nel corso delle ultime guerre) non furono avversi a' Francesi, se

non gli europei reggitori co' lor mercennarj soldati, non solamente non si poteron essi mai del tutto ributtare indietro, anzi pressochè sempre molto benavventurosamente
procedettero eglino innanzi nelle loro vittorie; ma, quando il Buonaparte, riarso dalla
sua smodata sete de' conquisti, ebbeli sospinti
ad opprimere e conculcar la massa de' popoli,
sì che questi quasi tutti si furon congiurati
insieme per mettere in fondo l' oltraggiosa
sua dominazione; i movimenti della fortuna
volser tosto del tutto in contrario, e tutti contrarj effetti venne ella a dimostrare. E fu veramente ragione, perciocchè non isconside-
rata nè cieca, anzi molto più avvertente ed
oculata che l' uom forse non crede, esser suole quella bella diva ne' suoi rotamenti. La croce
ce fu dunque per tutta Europa bandita addosso alla Francia; e, contro all' impeto di
tante popolari masse ogni sforzo venendo vano, ella fu successivamente due volte occupata, e due volte altresì nella stessa sua città
principale stettero a campo i collegati stranieri. Di che apertissimamente si vede chè la
maggior possanza d'una nazione non la metta miga tanto in salvo contro all' odio e a' risentimenti universali, ch' ella, non ostante

la sua maggioranza, a pagar non abbia alla per fine il fio de' suoi preteriti malfatti.

Questa è dunque, non men la primitiva cagione, che la vera ragion delle cose. Volere artatamente andarne altronde investigando e ripescando altre, a queste affatto contrarie, acciocchè il torto vesta sempre il manto della ragione, e sempre la vanità possa avere il vento in fil di ruota; è un piegarsi del tutto del diritto sentiero, ed un pascerci d'aria per deluder se stessi, ed altrui. Or a me pare che le nazioni (ed eziandio le più possenti, per propria utilità, secondochè fu mostrato) tutto l'opposito operar dovrebbono; e tanto più or fruttuosamente, quanto più che mai non si facesse, tendendo elle pressochè tutte al conseguimento della libertà, e della felicità pubblica, han tutte necessaria la pace, la quiete, e la tranquillità. Ed io perciò anche dico che, lealmente confessati i torti, le ingiurie, e le ingiustizie passate, scambievolmente proceder quelle dovrebbono a farne un quieto generale; con questo però che, conceduto a ciascuna il suo dovuto, sì fattamente fosser le cose ordinate, che avesse il mondo buona speranza che il rinnovellamento de' preteriti mali fuggir si potesse nel tempo avvenire.

Ma, che che sia o esser possa di tutto questo, io ora, ritornando in sul ragionamento delle nostre cose di statuaria, di pittura, e di altro, anche a voi, miei carissimi Italici Compatrioti, quì di nuovo rivolger mi debbo. E primieramente io vi dico come a me pare, che la fatica la quale io presi di mettere in disamina tutte queste cose in quest'altro mio ragionamento, non solamente non sia da reputare del tutto disutile per la nostra comune patria, ma che anzi noi, con la debita considerazion ponderate le da me dette cose e le passate vicende, a fermare abbiamo intorno a questo il nostro consiglio per le future. Noi dunque, se il pensier non m'inganna, operar dobbiamo come quegli sventurati, ma cauti naviganti i quali, fatta in tempestosa fortuna grande iattura delle merci loro, venuti ch'e' sieno a porto con la sdrucita nave, incomincian tosto a far diligente noverazione delle perdute cose; e veggendo per opera, sè aver di quelle fatta molto maggior perdita che per estimazion marinaresca e' dinanzi non credevano, mettonsi studiosamente a veder modo come egli fruttuosamente servar possano que' rimasugli del ricco carico della nave loro, per poter con quelli fuggire i disagi e gli stenti d'una misera vita. Nè io credo che poco misurata parer debba questa comparazione ad alcun di coloro che ben sanno di quanto splendore, di quanta gloria, e altresì di quanta utilità sieno all' Italia le sue pregiate opere delle arti più pregiate; e come perniziosa cosa per lei sarebbe l'esserne alla per fine quasi del tutto barbaramente privata.

Che vero poi sia che la perdita di queste bellissime italiche opere fosse più grande assai che forse così per avviso non si crederebbe, può chi che sia esserne tosto ben chiaro, se con la debita ponderazione vogliasi por mente che, oltre alle pubbliche cose, innumerevoli di quelle delle persone private perdè l'Italia nelle sue passate sciagure. Toccammo noi già un motto delle pregiatissime cose che, sotto i più ingiusti titoli, furon tolte alla casa Albani (52), e che, a lei rendute poscia, trapassaron tuttavia nella possessione della Francia stessa e della Baviera, avendo dovuto venderle quella illustre casa, stata sì crudelmente, e sì ingiustamente malconcia per tante militari gravezze. Fu per noi veduto altresì che

(52) Di sopra, facc. 239.

prezioso bottino di quadri, e di altre cose (e anche a detto d'uno stesso suo compatriota (53)) adducesse seco il vicerettor *Beauhar-nais ;* dopochè, bene avvinta e bene anno-data, ebb' egli posta in aliene mani l'italica preda. Grandissimo detrimento sostenne ol-tracciò la misera Roma per 'la perdita della celeberrima galleria di pitture della casa Giu-stiniani, gran parte delle quali furon divora-te, per ingordi accatti, da alcuni usurai di Parigi; là dove il signor di quelle era stato pressochè sforzato a venire, per dover da or-gogliosa madre interceder favore a sostegno della romana, e sua stessa abortiva figliuola (54). Io non potrei poi mai por fine alle pa-role, se tutte voless' io qui annoverare le al-tre preziose opere di statuaria e di pittura che nelle preterite sue luttuose vicende ebbe per-dute l'Italia, e che studiosamente fur celate a questi ultimi tempi, per tema di non averle

(53) Vedi Rag. II, nota 51, facc. 315, e segg.

(54) Fu repugnante quanto più potè il governo pon-tificio al lasciare trar di Roma le cose della galleria del Giustiniani, ma ciò nulla valse, perchè l'opera com-mendevole era sollecitata, secondochè mi si disse, da alcuno della napoleonica famiglia. E certamente per loro a que' tempi non rimase che Roma non fosse vota d'ogni sua più pregiata cosa.

a rendere a cui s'appartenevano. E quale fu
in effetto l'alieno, o condottiere, o pretore,
o pubblicano che, partendosi da quella bella
contrada, non volesse aver segno, e ricordanza delle largitele sue beneficenze! Questo anch'io so di certo, che furon gravate
di onerose prestanze alcune nobili itàliche
case, acciocchè, vinte dalle urgenze, ven-
desser elle alcune loro preclarissime cose. E
non è da tacere che non pochi nostri men
che onorati Italiani, giovandosi del vergo-
gnoso esempio che lor davan gli stranieri,
sì congiunser con esso loro, e, per l'ingor-
dezza de' guadagni, trasser d'Italia le più ch'
essi poterono delle migliori opere de' nostri
insigni maestri. In somma di tutte le incur-
sioni che straziaron le nostre belle contrade
ne' preteriti tempi (fuor solamente quelle
degli antichi Barbari, i quali eran anzi i di-
struggitori, che i toglitori delle pregiate cose
delle esimie italiche arti) alcuna non fu per
l'Italia, nè più dannosa, nè più crudele in
così fatti spogli, che quella la quale ella sostenne a questi ultimi anni *in nome della Libertà*, e i cui dolorosi effetti ella sente ancora, e forse sentirà lungamente (55).

(55) Nelle due più rinomate gazzette inglesi (cioè

Or se così sta l' opera (che star manifestamente si vede) del dispergimento di tante nostre nobilissime ed utilissime cose, qual sarà l' uom d' Italia , così delle cose patrie non curante, o così uscito fuor del senno , il quale negar possa che all' effetto della seconda parte della sopraddetta comparazione de' malavventurati naviganti appo noi venir non si debba? cioè che, dopo tanta iattura avere in ciò fatta, non debbasi con ogni cura e con ogni studio procacciar di servare almeno illeso quello che soltanto temporalmente ci era stato lasciato, o che fucci misericordiosamente renduto? Per certo alcuno Italiano, che al tutto non sia dissennato, ciò non potrà meritamente negare.

Ma tuttavia, e che direm noi, miei cari

---

nel *Morning Chronicle* , e nel *Courier*, fogl. de' 25 di marzo di quest' anno) io lessi che un' *immensa quantità* di manuscritti veneti, comperati da' curatori della britanna libreria *Bodleian*, eran pervenuti in Inghilterra. Or io non so che manuscritti sien quelli, ma questo io so troppo bene che , se l'antichissima e veneratissima veneta signoria non fosse stata sovvertita per acconcio de' forestieri, o mai non si sarebber que' manuscritti venduti, o, se pur fossero stati, certissimamente n'avrebb' ella stessa fatto l'acquisto.

•Compatrioti che, eziandio e cure, e sollecitudini, e diligenze incessantemente adope-
rando noi intorno a questo, pur quelle, qual-
li che elle esser possano, non saran forse sufficenti al caso nostro? No, non saranno, e
senza forse io per me così debbo credere. E
che converrassi dunque operare, quì uom
chiederà? In sole due parole il vi dirò, Italiani : *Conviensi rinsavire*. E per certo, se
non ci dà una volta il cuore di rinsavire,
servar noi non potremo, eziandio volendo,
quello che ci resta. E così dico, perchè una
nazione, che nelle sue sì ben disposte, e sì
ben difendevoli contrade annovèra da diciannove in venti milioni d' abitatori, e alla qual
tuttavia si potè lasciar sol tanto quel che si
volle delle sue più pregiate cose, e si rendè
anche per sola misericordia una parte delle
già tolte ; una sì fatta nazione, io dico, se risolutamente ella non prende per partito di
mutar del tutto consiglio, e se ella non si
trae della servile sciagurata condizione nella
quale è tenuta, non può nulla volere, nè dis-
volere nella sua stessa casa ; perciocchè, non
meno d' ogni sua proprietà, che di lei medesima sono assoluti signori i forestieri (56).

(56) Io anche mostrar potrei, s'io volessi, che mol-

Così potete voi pur rendervi sicuri, miei
cari Compatrioti, che, come prima le cose

tissimi italici capolavori d'ogni maniera perdè l'Italia,
perchè i rettor nostri (nella preghevole condizion politica in cui essi furono e sono, a rispetto delle stranie
corti, e per cagioni oltracciò, o parentesche, o religiose, o così fattamente) non poteron vietare che non
fosser quelli fuor d'Italia portati, o doverono essi stessi farne dono. Quasi niente di tutto ciò sarebbe inter-
venuto, se sola una signoria avesse l'Italia dominata,
o se le varie che la ressero, state fosser collegate, e
non originate in gran parte da schiatte oltramontane.
E, per sola una testificazione di quel ch'io dico, si leg-
gan gli *Annali d'Italia* del Muratori, all'anno 1737, e
vedrassi come in quell'anno anche i sigg. Spagnuoli vo-
tasser Parma e Piacenza di pitture, di manuscritti, e
di altre preziosissime cose. Ma già, e quando fu mai
che ci facesser gli stranieri alcun bene?

Del resto aver sempre a mente noi dobbiamo che l'
avidità degli oltramontani, nel voler di tutto interamente dispogliare il paese nostro, par veramente che ad alcun termine non istia contenta. Io leggeva, tra le altre
cose, a questi mesi passati in una gazzetta le querimonie
che faceva alcun Tedesco, perchè i rotoli di pergamene
antiche, trovati tra le ruine di Pompeia, non erano
stati ancor distribuiti a tutta Europa, essendo quelli,
come egli presumeva, una proprietà comune a tutti i
dotti europei. E certamente egli diceva vero, perciocchè, se cosa tedesca sono ora le nostre belle contrade,
tedesca proprietà esser dee, non pur tutto ciò che quivi

europee riprenderanno il natural loro corso,
e si leveranno a guerre le due nazioni che
soglion quasi sempre venire a oste nelle nostre belle contrade ; i vostri capolavori di statuaria , e dipintura tanto più saranno in pe-
riglio d'esser tolti via, quanto è or maggiore
che mai non fosse , l' avidità che han pressochè tutti i popoli per così fatte opere. E
voi il potete anche vedere a questo , che non
solamente nelle misere terre greche , ma an-

è patente, ma altresì quello che si va tutto dì traendo
dalle viscere della terra. Nè perciò dovrà parer punto
strano che , sotto titolo di voler dare que' vetutissimi
codici a chi sappia meglio svolgerli e commentarli, se
ne faccia quando che sia molto più ampia distribuzione
che infino a qui non fu fatta, a' reggitori d'oltremonti,
i quali son veramente gli alti mandriani dell' italico
gregge.

Diceva anche con sommo giubilo quello straniero che
molti vasi greci antichi eran vendibili a Nola per piccol prezzo, e che perciò egli sperava che sarebbon comperati da personaggio foresteriere, e trasportati a Mo-
naco. E finalmente molto gongolava il valentuomo e
faceva festa, perchè cinque preziosissime statue antiche , trovate ultimamente a Minturno, erano state vendute a guerriero austrobritanno, che senza fallo le
manderà fuor d'Italia, per potere in aliena terra aver
così anch' egli perpetua memoria delle sue , sì belle, e
sì leali italiche geste.

che fra le ruine d' Egitto si va or disot-
terrando a gara, e con somma industria, e
con non poca spesa tutto ciò che la distrut-
trice mano de' conquistatori, e de' barbari
non fece andare in minutissimi frantumi, od
in polvere. Or sarà per certo molto più agevole faccenda, e, che è più, non dispendiosa
punto il tor di così fatte cose in Italia, là dove, mercè dell' industria de' vostri maggiori
e di voi medesimi, n' ha sempre molte, belle
e disotterrate, e belle e preste in servigio altrui. E con questo si potrà eziandio, sotto gli
usati titoli, farle addur di nuovo alle spese
vostre dove fosse più a grado a' vecchi, o a'
novelli *largitor di libertà* (57).

(57) In proposito del disotterrar le vetuste cose di
scultura, or mi torna a memoria ciò che a questi passati mesi io lessi in alcune gazzette d'Italia, sopra le
esplorazioni che, permettente il governo romano, far
fare si debbono da alcune persone private nel letto del
Tevere, per trarne le preziosissime cose che si presume esservi state sommerse. Io non ne so più che tanto,
nè sono manco certo che l' opera stia per appunto così,
come si disse in quelle gazzette. Ma, come che ciò sia,
io per certo indur non mi posso a credere che ad alcuni
avidi esploratori conceder si voglia il poter ciò recare
ad effetto, acciocchè in estranie terre sia poi da lor mandato quello che si trovasse. Dirassi forse che, dopo tan-

Potete voi forse farvi a credere che sien mai seguite le tante, e giuste, e vere cose che, in servigio dello studio delle più preclari arti dice quel valentuomo del sig. *Quatremère de Quincy*, per istorre altrui dallo spogliar di quelle sue pregevoli cose l' Italia, e soprattutto la bella Roma, alla quale in questo niun' altra città può contendere il primato (58)? E non dovete anzi voi, ammaestrati de' preteriti fatti, temer sempre che a quelle ▓e verissime ragioni non si darà orecchi in a▓una maniera, siccome già non si diede, non è guari tempo? E che altresì, laddove si possa, non vogliasi con più ingordigia ed avidezza proceder nello spoglio delle statue, e de' quadri vostri? E che ciò che a danno di Roma ruminava già nel barbaro

te successive sciagure, non può la romana signoria cr comportare ella stessa la spesa di così fatto lavoro? Concedasi... Che si ha dunque a fare, si soggiugnerà? Il compenso è presto. Le pregiate cose ch' esser possono nel fondo del Tevere, e che, se in effetto vi sono, stetter quivi da molti secoli in quà; lascinvisi pure infinattantochè abbiasi il destro di farle trar quindi a spese pubbliche, perchè di pubblico dominio sia tutto quello che si potrà rinvenire.

(58) Opera sua soprallegata, lett. V.

suo petto lo sbandito tiranno, non abbia ad aver poi un pieno adempimento (59)? E che (persistendosi nella violazion dell' uso scambievolmente consentito delle incivilite nazioni) altresì non si presuma che, contro alla fede de' patti, vi fosser rendute quelle vostre cose? Ed in somma che tanto innanzi procedan le presunzioni, che eziandio negar si voglia che, se alcune vittorie dislealmente, ed immeritamente le vi poteron torre; altre contrarie vittorie lealmente, e meritissimamente non poteanlevi restituire?

(59) Tra le prime cose di cui Roma esser dovea in pro di lui dispogliata, eran le cento bellissime marmoree colonne che sostengon la mezzana nave della vetusta chiesa di San Paolo. Di quelle adornar si volea, in alcune esteriori opere, la grandiosa reggia ch' erasi già dato mano ad edificare pel novello re di Roma. Ma per sì vasto edificio ben altri adornamenti facevan luogo; e dove ha maggior copia di quegli in altri paesi, che sieno in Roma, si che non dovesse messer Napoleone (se casi avversi avuto non avessero le imprese sue) far capo quivi per fornirsi di tutto? Ed aveva egli per questo sì perito consiglier romano, che certissimamente, senza punto fallar nella scelta, egli avrebbe compiuta di spogliar quella misera città di tutte le sue più belle cose, per adornar la reggia del novello signore ch' erale già stato militarmente imposto.

Egli è però vero che queste cose non sono, se non suppositive, e che è anzi da sperare con ogni fidanza che gl' inciviliti popoli a proromper più non abbiano in simiglianti eccessi, i quali fan grande oltraggio, non già alla libertà, che è cosa divina, e fuor d' ogni biasimo; ma a tutti coloro che, in nome di lei, stati già fossero, o esser di bel nuovo volessero gli esecutori di sì fatte ingiuste, ed oltraggiose opere. Che deesi oggimai per lunga esperienza aver conosciuto che, non pur vera libertà non può essere, dove non sia giustizia; anzi che le ingiuste opere, oltre all' esser sempre disonorevoli agli operator di quelle, lor tornano a lungo andare e danni, e rovine. Ma, come che sia, tessendo io queste cose (quanto è conceduto alle debili forze dell' ingegno mio) ad utilità de' cari miei Compatrioti, nè altresì le suppositive cose lasciare andare io dovea. Imperciocchè, se alcun effetto non seguisse alle supposizioni mie, niun sarà in alcuna maniera danneggiato per la brieve enumerazion da me fattane, e a me stesso sarà molto caro che sieno state affatto disutili; ma se, per nostra somma sciagura, non fosser quelle del tutto ipotetiche, cosa profittevole molto esser potrebbe per la mia sventurata patria l'averle antivedute, e procacciato che vi si prendesse un tempestivo riparo.

Nè presumasi di dirmi che al presente, essendo a guardia delle cose nostre gli austriaci soldati, possiam noi starcene pure ad animo riposato, perchè saranno essi in tutto i fidi custodi nostri. Or così certissimamente io per me non giudico, e con questa recusazione io sopra ciò favello. Certa cosa è che gli Austriaci con istudiosa sollecitudine procacceran di guardare a sè l'Italia, perchè sann'essi troppo bene che, lei guardando, de' maggior frutti del suo ubertoso suolo saranno i raccoglitori; ma tuttavia io non posso credere affatto che, eziandio sì tenacemente volendo, sien eglino da tanto di poterlo fare. Che valsero, e che profittò fecer mai contro il valor de' Francesi i tanti, e sì numerosi eserciti che successivamente, e con tanto spendio, e con tanta perseveranza congregò l'Austria? Io altro non posso rispondere, se non che i soldati austriaci negli ultimi resultamenti delle varie pugne ebber sempre il peggio, che i Francesi furon due volte signori di Vienna, e che la già smembrata monarchia austriaca, per uscir d'un pelago, fu allor costretta ad ammelmarsi in un altro. Vero è che gli Austriaci altresì venner poscia due volte in Parigi, e che i soldati francesi furono anch' essi sconfitti, ma questa non fu opera di soli pochi sovrani, e di soli alcuni eserciti mercennarj: pressochè tutta Europa, siccome io già dissi, si levò ad arme per questo, e tutta intera par che ella ci volesse, acciocchè sì lungo viaggio compier potessero gli austriaci soldati. Questi sono fatti recentissimi, de' quali anche i giovani uomini furon veditori; nè a me, che quì ne ragiono a difesa de' miei Compatrioti e della patria mia, dar si può con ragione alcun carico ch'io ripeta, così alla sfuggita, ciò che tante veridiche storie han distesamente già narrato.

Ben potrebbe nondimeno quella forestiera signoria solidarsi in Italia, e non temer punto quivi gl' imprendimenti d'altri stranieri, se ella fossevi stanziata, se rendesse gl' Italiani veramente liberi, *siccome solennemente ella aveva lor promesso*, se consentisse di regnar per essi e con essi, ed in somma se, così operando, acquistar volesse l'affezione, e la cordialità loro. Ma, perciocchè la viennense aristocrazia non saprà mai acconciarsi a tutte queste cose, sì l'opera non sortirà forse mai alcun effetto, e le bisogne dell'austriaca signoria andran sempre zoppe in Italia.

Intanto, venendo diffinitamente al conchiudere, io dico, miei carissimi Compatrioti, che voi, oltre alla cosa dell'independenza e della libertà vostra, aver dovete vigile occhio anche a quella de' capolavori di statuaria, di pittura, e di altro che adornano le nostre amenissime contrade, e i quali non men somma gloria, e splendore, e vaghezza, e rinomanza, che utilità non lieve sempre porsero, e, infinattantochè non fienvi del tutto rapiti, porgeranno sempre alla nazione nostra. A voler dunque ciò fare con effetto, conviensi ancora che voi siate uniti, concordi, collegati, e alla fin fine forti del valor di ciascuno, e signori in casa vostra, siccome sono gli altri popoli; perciocchè quelle tutte pregiatissime cose vostre, vostre veramente non saranno, se non QUANDO (e non punto prima) NE SARETE VOI STESSI I GUARDATORI. E qui mi taccio.

FINE DEL RAGIONAMENTO QUARTO.

ANNOTAZIONE LETTERARIA.

(Quest' annotazione dal fine del primo volume è trasportata quì nel fin del secondo, per la ragione che fu quivi addotta, alla faccia 343, in principio. I leggitori di questi miei libri che non l'avesser voluta leggere, quando terminaron la lettura di quel volume, e legger volessonla, dopo aver letto questo; dovranno innanzi tratto, per più piena intelligenza di quel che noi siam per dire, rilegger le due ultime facce del volume primo, incominciando dal capoverso : Ma già, facc. 341.)

SE le occupazioni, e le sollecitudini che da più mesi in quà io ebbi per fare stampar questi due volumi, dal dare opera ad altra cosa quasi del tutto non mi avesser tolto ; una lunga discussione sarebbemi caduto per mano di dover fare, e pubblicar quì opportunamente sopra quello ch' io dico, dello stato presente di quest' egregia lingua in Italia. E con

tanto più di ragione io avrei ciò fatto , in quanto
è più contrario a queste affermazioni mie quel che
intorno a ciò io leggo in uno scritto che il sig.
Perticari congiunse al primo volume della *Pro-*
posta di alcune correzioni ed aggiunte al Voca-
bolario della Crusca , data fuori in questo medesimo anno 1818 in Milano , dal suo suocero sig.
Vincenzo Monti , celeberrimo poeta nostro. Dice
in effetto il sig. Perticari, nel bel principio dello
scritto suo , che questo *bellissimo nostro idioma...a*
guisa di pianta che si rinnovelli, già torna TUTTO
A RIFIORIE *, e promette que' frutti onde fu sem-*
pre superbo.

Ma , se lunga discussione io far non posso per al
presente intorno a questo, io non credo di meno
essere al tutto opportuno che alcuna cosa io quì ne
dica. E perciò io domandar voglio in prima in
prima perchè, se così , come si dice, tornò *tutta*
a rifiorire la lingua nostra, e quasi superbisce ella
già de' suoi novelli frutti; perchè, io dico, in tutte
le gazzette, e negli scritti de' governi, e in quasi
tutti altresì i libri italici che quì ci pervengono, la
lingua che vi si adopera , è così sozza e schifosa,
come ella fu mai? Vorrassi forse di nuovo mettere
in campo quello che nel XLVII quaderno del *Poli-*
grafo di Milano del 1812 già mi fu opposto, cioè
che *due o tre scrittori d' altro grido bastino a noi,*
perchè si dica che la buona lingua è ancora in
pregio , considerato che *in ore duorum vel trium*

stat omne verbum? Ma io già risposi a questo ridicolissimo sofisma infin di que' tempi, e sono le mie risposte ne' seguenti quaderni II, e VI dello stesso *Poligrafo* dell'anno 1815. O vorrammisi per avventura anche opporre che, non già due o tre buoni scrittori, ma forse un venti n'annovera il sig. Monti in quell' opera sua (a)? Or bene, ed io risponderò tuttavia che, quantunque altri n'avess' egli potuto numerare ancora; pur nondimeno, perciocchè nelle comuni italiche scritture la lingua è generalmente insozzata delle più schifose turpitudini straniere, sì non si sarà punto mostrato, quella esser *tornata tutta a rifiorire.*

Ma quello che soprammodo mi stomacò nelle due parti, già pubblicate, di quell' opera del sig. Monti, le quali però io non ebbi agio di legger compiutamente; furono le svergognate cose ch' egli vi dice del Vocabolario della Crusca, il qual, secondo lui, *è un vilissimo, schifosissimo, barbarissimo ammasso di lingua scomunicata, sotto il cui enorme peso rimane oppressa e sformata l' ottima :...... o più presto* (perciocchè al sig. Monti tutte queste *verità costumatamente vestite,* secondo il suo latino, non parevano manco assai) *una lana da pettinarsi col fuoco.* Ed in somma egli ne viene al conchiudere che, così come da quella grand' opera trar si può il *Vocabolario de' morti,* così anche sia

(a) Vol. I, part. I, facc. 224, e 225.

molto agevol cosa il trarne il *Vocabolario degli spropositi (b)*.

Non è più dunque il Vocabolario della Crusca, di cui con tanto spregio ragiona il sig Monti, quella stessa egregia opera la qual si pregiano d'avere imitata tutte quelle nazioni moderne che hanno un buon vocabolario per le lingue loro, e la qual sospirano, e studiansi d'imitare tutte quelle altre che ancor non lo hanno? E così per altra parte egli crede poter mettere in amore appresso i suoi compatrioti lo studio del linguaggio nostro, perchè si vegga modo di mondarlo da tutte le schifezze che ora il deturpano? Che nel vero, se 'l vocabolario nostro venisse a esser reputato così sozza cosa come egli presume, e vuole altrui dare a credere, qual sarebbe lo studiante che volesse valersene da quinci innanzi? E, senza quel sussidio, e senza quella scorta pressochè indispensabile, chi vorrebbe dare opera allo studio della lingua? Ahimè ch'io quasi temo non abbia il sig. Monti tutte contrarie intenzioni intorno a questo, perciocchè, al fatto dello scrivere la nostra lingua, egli dice che *si convien comparire nell abito che le più savie persone già indossano, e le imperiose circostanze dei tempi richieggono (c)*! E an-

(b) Vol. I, part. 2, facc. XII.

(c) Vol. I, part. I, facc. 216, in fine.

Indossano, cioè *endossent. Vestonsi*, o *s'addossano*, come cosa del *Vocabolario degli spropositi*, sarebbe stata *lana da pettinarsi col fuoco. Indossano* è merce del secoletto miterino,

cor più debbo io credere che tutte altre intenzioni
egli in ciò abbia, posciachè io veggo che, anche in
questi pochi motti, egli volle ad una ora darci il
precetto con l'esempio; di che par quasi ch' egli
non curi di quella *certa vergogna* che, secondo la
bella sentenza del valoroso suo genero, dee venire
*a que' vili cui parve poco il deporre l' italiano
animo, se con esso non deponevano ancora l' italiana favella* (d). Sentenza che fu per me di tanto
valore; che tolse al tutto via alcuna rugginuzza ch'
era già nata nella mia mente, dalla ignobile, e men
che patria significazione a cui per avventura trar
potrebbonsi alcune ambigue clausole che la pre-
cedono, nel luogo assegnato.

Oltre a queste *costumate verità*, molte altre il
sig. Monti ce ne dice, per rispetto alla lingua scientifica e filosofica, *della quale*, a detto suo, *il nostro vocabolario è sì gretto, che il volto infiam-
masi di vergogna al solo pensarne la povertà* (e).
E certo, volendo egli deprimere il più ch' e' possa
una della più belle nostre opere letterarie, aggregar
doveasi a que' tanti altri nostri paesani che, per non
voler darsi alcun pensiero di mondare delle strane
laidezze le loro scritture, dar vorrebbonci a credere
che a ciò gli stringa la supposta *grettezza* di nostra

e forse anche cosa *scientifica*, o *filosofica*; e perciò vale cento
cotanti più.

(d) Vol. I, part. I, facc. 198.
(e) Quivi, facc. XII.

lingua per le cose scientifiche, e filosofiche; in acconcio delle quali egli si sforzano di far tutto 'l dì
tante studiate querimonie, che ci hanno oggimai al
tutto fracidi. Or non poche cose io nuovamente potrei, e vorrei dir sopra questo, se al presente io n'
avessi agio; ma tuttavia io voglio sol tanto far questa
domanda : Non sono dunque scritte in bella lingua
del vocabolario nostro le due parti, già messe in luce,
dell' opera del sig. Monti, la quale, per più rispetti,
si può anche chiamar filosofica? E chi meritamente
potrebbe ciò negare, quando se ne cavino alcune cose
del *secoletto miterino* (f), sparsevi per entro per
caparbierla, o per *viltà*, secondo il sig. Perticari; e
non certo per necessità? E quest' opera mia non è
scritta anch' ella in lingua del vocabolario? E tuttavia
non ragionai io, quanto io volli, di politiche, e filosofiche cose? E di cose altresì de' nuovi ordinamenti
del viver civile? E dalle varie più diffuse lingue europee non vi recai anche nel volgar nostro molti brani di scritture? Or in che cosa mi fe fallo il doviziosissimo, e bellissimo, e dolcissimo linguaggio maestrevolmente raccolto nel vocabolario stesso? Questo
dirò io per risposta, che quasi sempre, ad ogni cosa
da esprimere, ad ogni parola o locuzione da trasla-

(f) Ragioneremo anche al debito tempo di questa locuzione
del *secoletto miterino*, la qual non puossi mai trarre con ragione all' ampio significato che artatamente dar le si volle, per potere inveire contro il valentuomo che se ne valse. E con begli
esempli potremo anche mostrare, se noi vorremo, che di mitera
furono adorne non ha guari le più preclare teste. *Inde irae!*

tare, il Vocabolario della Crusca (quando il sussidio suo io ebbi necessario) mi somministrò due, quattro, otto, dieci, ed anche più modi, e talvolta anche altrettanti vocaboli diversi; tanto che io non ebbi a faticarmi in altro, che nella scelta. Laonde, se in questi miei volumi le cose non sono bene espresse, e lo stile non è buono (e pur troppo egli è così), colpa non fu certamente del vocabolario, ma dell'inetto sceglitore.

Ma tuttavia in questo vocabolario stesso sono alcuni errori, alcune quiddità mal ritratte, alcune mal ordinate cose! Evvi certamente tutto questo male, e chi osa negarlo? E quale è l'opera umana di tanta mole, e di tanto comprendimento, quanto è quella, nella qual non sieno di simiglianti difetti? Crede forse il sig. Monti che, se l'impresa del compilar di nuovo, ed emendare il vocabolario nostro fosse asseguita in Milano, e da lui stesso capitanata, in sull'innanzi di quello della Crusca, e delle preziosissime giunte veronesi; crede egli, io dico, che, non ostante il sussidio di queste fondamentali e sustanzialissime cose, ne riuscirebbe un'opera sì perfetta, che solo un iota non fosse da variarvi, solo un erroruccio da torne via?

Rammendisi dunque il meglio che far si possa, tutto ciò ch'è incorretto, o diffettoso in quella grand'opera; ed ogni Italiano che sia da ciò, concorra, secondo suo valore, a far sì che questo bel lavoro sia con assiduità recato ad effetto, e, quando

che sia, anche compiuto. Questa sarà cosa d'utilità
somma alla comune nostra patria; ma, per ingene-
roso ed ignobil preludio di questa grande e bella impresa, a me pare che non facesse luogo affatto di ma-
ledire e bestemmiare, nè il vocabolario, nè i toscani compilator di quello. Che non debbesi mai dimenticare che, se i Toscani non furono al tutto i
creatori di quest' egregia lingua, ne furon certissimamente gli ordinatori, ed i primi maestri. E se
così anche oggidì essi non sono, sola colpa loro è
questa. Con l'usata franchezza mia io così fattamente
di lor parlo, perchè essi medesimi, non che altri
nostri compatrioti, per certo affermar non potranno
che sieno or toscani gli scrittor migliori della nostra
lingua. Di che aperto anche si può conoscere, quella
doversi poter chiamare *italica*, posciachè tutti quegl'Italiani la possono bene scrivere i quali abbianla
studiata ed imparata ne'libri *toscani*, o *toscana-
mente scritti* (g). Della qual fatica i Toscani stessi
non esser punto privilegiati, il loro non toscana-
mente scrivere d'oggidì ce ne porge una irrepugnabile testificazione (h).

(g) La ragione del doversi ella nomare *italica*, deesi anche
desumere dal fine principale di quest' opera mia.

(h) In un' operetta, data fuori quest' anno stesso in Pisa, e
che ha per titolo: *Risposta del professore Giovanni Rosini ad
una lettera del cavalier Vincenzo Monti, sulla lingua italiana;* io leggo (facc. 76): « Questo è quello che faceva dire al
« Perelli (le cui sentenze si trasmettono d'età in età) che quan-
« do i Toscani sanno bene la lingua, la scrivono ottimamente,

Seguir tuttavia non deene per questo che il frullone, ed il burattello sieno altrove stanziati che in Firenze (i); perciocchè di tutta Italia (se facciasi alcun poco d' eccezione *per sola la città di Roma (l)*) il dolce e bel linguaggio delle forbite italiche scritture *nella sola Toscana è quasi moneta corrente.* E anzi bene avventurati noi saremmo, se così gli autor toscani almeno or lo scrivessero, come quell' incivilito, ed ottimo popolo generalmente quivi il parla !

Nè in questo io credo che l' avviso m' inganni punto, da che lo stesso testè menzionato sig. professor Rosini mi fa di ciò del tutto certo nell' allegata operetta sua. Egli in effetto dice primieramente (facc. 71) : « E qualora alcuno porre in dubbio « volesse che la lingua in cui parliamo, fosse la « stessa che quella in cui scriviamo, venga tra noi,

---

« mentre ai non Toscani convien saperla ottimamente per iscri-« verla bene. » I Toscani dunque, anzi reamente, che ottimamente scriventi, sono mille volte più da biasimare, che non sieno tutti gli altri viziosi scrittor d'Italia.

(i) Per que' forestieri che leggesser quest' annotazione, e che per avventura nol sapessero, io dico che con questi vocaboli di *frullone* e *burattello* quì si allude all' uficio dell'*Academia della Crusca;* la quale sceverando, quasi come se ella abburattasse, le natie e schiette dalle stranie e viziose parole e locuzioni, di quelle ci somministra il fiore, cioè la favella, per così dire, cernita. E, per questo bell' uficio che ha quel accademia, l'impresa sua è un *frullone* col motto : *Il più bel fior ne coglie.*

(*l*) Vedasi intorno a questo l'annotazione 239 dell' opera mia sopra Guido d'Arezzo.

« e ci ascolti. Udrà dei gallicismi (m).» Afferma poscia il sig. Professore (facc. 8o) che il Boccaccio « se
« a riviver tornasse, non senza una grata *sospresa*
« udirebbe nelle nostre campagne, *comechè* da cit-
« tadinesche o straniere sozzure non per anco con-
« taminate, sulle labbra delle vergini contadinelle
« i modi stessi della sua Neifile, e della sua Pam-
pinea (n). ». Chiaramente dunque si vede per tutto
questo, che bene avventurati noi saremmo, se (come dianzi io diceva) così gli autor toscani scrivessero la lingua loro, come quel buono, e sagacis-
simo popolo anche oggidì la parla.

Vuolsi però dire che in Toscana l'opera del dover rimettere in onore il puramente scrivere quest'
egregio linguaggio par che sia in buon concio d'essere recata ad effetto. E così dico perchè io, oltre
ad una autorevolissima testificazione che di ciò ebbi

(m) *Venga tra noi, e ci ascolti. Udrà dei gallicismi!* Or
non è vergognosissima cosa che dotti professor toscani puramente non parlino, e, che è anche peggio, puramente non iscriva-
no la lor bellissima favella?

(n) Fa un gran romore il sig. Rosini nell' assegnato libriccin
suo a quei che pubblicano scritture *al di là degli Appenini*, e
che valgonsi del vocabolo *Risultamento*, in luogo di *Risultato*
(facc. 121). Egli pone intorno a ciò una certa *general* dottrina,
la quale io credo che non istia punto a martello, quando si voglia tirare a quella *generalità* da lui posta. Ma di questo parle-
rem forse un'altra volta. Per al presente dalle genti che non
dimorano oltre a' termini degli Appennini, io vorrei sapere se
lor pare che a questa clausola delle *vergini contadinelle* quadri punto quel *comechè*?

a questi passati mesi, debbo credere che anche il sig. professor Rosini sia in questa bella disposizione; posciachè egli eziandio si vale d' uno de' nomi ch' io soglio dare all' universal bastardume·della comune moderna lingua d' Italia; cioè di *sozzure*. E senza fallo tutti i Toscani, non che solo egli, oggimai veder debbono che la lor noncuranza in questo era divenuta sì supina e sì vergognosa, che già si tracciava di spiccar loro di mano il frullone. Ma, quanto è a me, io non pure estimo che il recar ciò ad effetto sarebbe ingenerosa ed ingiusta cosa, anzi io tengo per fermo che gravissimo danno ciò esser dovesse alla lingua, per la ragione *irrepugnabile* che detta fu per me di sopra. Per la qual cosa, innanzi ch' io voglia seguitar le orme di coloro che, ciò tracciando, han tolto a vilipendere, e con somma indecenza, i compilatori del Vocabolario della Crusca, siccome autori di quella insigne opera; io sono, e sarò sempre de' compilatori stessi il commendatore, il laudatore, e quasi anche io direi l' adoratore.

E primieramente io ho tutti essi in così fatta reverenza, perchè essendo eglino stati gli ordinatori di questo dolcissimo linguaggio, e rendutolo, per via di quell' opera loro, assai più comune e più ovvio che prima non era, a tutti gl' Italiani; e' lor fecero sì prezioso dono, ch' io, non potendol dimostrare con parole così faconde, come sono quelle del Varchi, mi varrò, per ciò fare, delle medesime parole

sue, le quali sono queste. « Ha la città di Firenze,
« oltre le cose raccontate, le quali non sono nè
« poche, nè piccole, nè da dover essere poco sti=
« mate, una maggiore da dovere essere stimata più
« di tutte l' altre, e questa è la sua propria, e natu-
« ral favella; la quale (essendo la toscana lingua così
« succeduta alla latina, come la latina succedette
« alla greca) è, per giudicio d' uomini dotti, e
« facondissimi, non fiorentini, senza alcuna con-
« troversia la più dolce, la più ricca, e la più colta,
« non solamente di tutte le lingue italiane, ma di
« quante s' abbia infino a oggi contezza (o) ».

Oltre a questo, di que' valentissimi maestri in
questa bella lingua io sarò sempre il commendator
tenerissimo, non solamente perchè di quel poco di
favella nostra ch' io so, molto me ne insegnò quella
pregiata opera loro; ma perchè io, quantunque di-
mori da diciotto anni in quà in luogo dove io sono
tutto 'l dì sommersato da ciò che noi (ma sol tanto
per rispetto all' idioma nostro) chiamiam *sozzure*,
pur nondimeno, per via della face, della scorta, e
e del validissimo sussidio di quell' aurea loro opera,
quasi del tutto dall' insozzarmi preservar mi potei.

Del resto, posciachè i Toscani al voler fare tra
lor rifiorire la purità dello scrivere intendon finalmente; sien egli perseveranti in questa bell' opera;
e dienci, il piuttosto ch' e' possono, belli segni della

(o) Storia fiorentina, lib. 9, in fine.

lor vera conversione non meno, che del frutto della loro penitenza per le preterite colpe. Vedranno essi allora che di tutta Italia lor ne pioveranno gli encomj, e le benedizioni. Ed io ancora, comechè stia così a lor lontano le mille miglia, non lascerò di congiugner la mia debil voce a quella sonante de' tanti miei compatrioti che lor faran per questo commendazioni, e plausi senza fine.

E così ad una ora io mostrerò per opera che, se lor fui avverso meritamente a questi passati anni, perchè della loro dolcissima favella erano anch' essi divenuti i corrompitori, ciò io non feci tuttavia, se non perchè della vera loro gloria io era, come sono, assai più tenero ch' essi per avventura non credevano. Ma di questa disposizion mia verso loro, lor darà anche, s' io non sono ingannato, quest' opera mia una novella, e più certa testimonianza (p).

Tornando ora in chiave, io dir debbo che a me pare, che tutti que' letterati stranieri i quali sanno

(p) E voglio soggiugnere a tutto questo che l' insigne Accademia della Crusca dovendo dar fuori prossimamente il primo volume de' suoi *Atti*; ogni tenero amadore di questa gentil favella spera con ogni fiducia che non *compariran* quelli mica *nell' abito che le più savie persone* (savie persone, i corrompitor della lingua?) *già indossano;* ma adorni della natia veste toscana, la quale tanto più sarà bella e vaga, quanto più ella sarà monda da' fecciosi cincischi, e frastagli delle straniere fogge. Questa dee esser l'unica e vera risposta che que' valorosi Accademici dar dovranno a quelle *più savie persone*, in queste *imperiose circostanze de' tempi.*

di quanto pregio sia il Vocabolario della Crusca,
vorran sapere, e del tutto stupefatti perciò doman-
deranno qual fosse la cagione che potè muovere il
sig. Monti a parlar di quella grand'opera con tanto
e sì stomachevole spregio, come egli fece. La lor domanda è al tutto ovvia, e giustissima; ma, quanto
è a me, io non ho agio per al presente di por sopra
ciò la debita risposta. Serberommi perciò a imprender questa fatica ad altro tempo. Sommariamente
io or dirò tuttavia che a così vituperosamente parlare
contro il vocabolario si procedette, per risentimento
de' giustissimi biasimi che s'eran fatti del sozzo scrivere di alcuni autor nostri; e, dar non potendosi
alcuna contentevole risposta intorno a questo, si ri-
corse al mettere in campo alcune succedanee quistioni delle *parole antiçate*, degli *errori che son nel
vocabolario*, del *secoletto miterino*, e di altro; le
quali quistioni per cosa del mondo non han che fare
con la quistion principale, e primitiva. E, perciocc-
chè tra questi biasimatori del sudicio scrivere tiene il primo luogo il sig. Abate Cesari da Verona
(con molta, e ben giusta lode altre volte menzionato
in quest'opera mia), sì ne fu egli per più riprese
indebitamente molestato, e dettogli villania. E comechè il sig. Monti, nell'assegnata sua *Proposta*, dica
che *in abito più pulito* vuol procedere per rispetto
a quello ch'egli ulteriormente di dir si propone del
nostro Cesari; nondimeno manifestamente si può conoscere a quello ch'egli n'ha detto nella parte dell'

opera sua già messa in luce, che questi *abiti più puliti*, niun'altra cosa furono infino a quì, e forse anche saranno nel tempo avvenire, se non biasimi, lode ironiche, e gabbi, e beffe, e dileggiamenti, ammontati con invidioso ed ignobil procedere contro esso il Cesari; purgatissimo ed elegantissimo scrittore, ed egregio, onorato, e religiosissimo uomo. Al quale di tanto sono, e dovrann' essere sempremai tenute le lettere italiche, che, se ne' più dignitosi uficj presbiterali non fosser ora, in alcune parti delle nostre contrade, anteposti gli stranieri a'paesani, esser dovrebbe egli già, non di sola la mitra, ma di cappel rosso insignito.

Ma forsechè (forse anche chiederassi) in altra cosa che in quella del vilipendere il sozzo scrivere, disservì il Monti l'Abate Cesari? Risponda a questo un valoroso nostro Italiano (cioè il Giordani, del Monti amicissimo), e per via di lettera certissimamente veritiera, poichè fu dal Monti stesso pubblicata, senza che fosse in un meriomissimo che da lui smentita. *Le cagioni* (dice dunque il Giordani al Monti) *d'essergli nemico ti mancano* (q). Quì però soggiungo io : « Sì, le cagioni patenti, e giuste, e « vere gli mancano; ma le segrete, le ingiuste, e « tuttavia le verissime, sotto altro titolo, non man- « cangli punto. » Il buon prete veronese non è lodotare; e per questo le cose non gli posson tornar bene in queste gare letterarie. Egli, siccome colui

(q) *Proposta*, ecc. **Vol. I**, part. 2, facc. 265.

ch'è schietto e semplice uomo, si conosce molto, male di questi giuochi del rimandarsela, dal rim- polpettarsela, i quali sono tanto in voga oggidì per sollucherare a vicenda i sensitivi, e dilicati tenerumi di alcune troppo esquisite letterarie maestà. Ed egli perciò non sa che, quando si ha a fare col sig. Monti, conviensi che l'uom proceda con in mano il turibolo, perciocchè questi non è già come noi altri uomini di grossa pasta, che viviam di pane : egli, essendo gran poeta (e dico *grande* col più vero sentimento dell' animo mio), tien della natura degli Dei, che si nu- tricano di soli profumi. Così lo stesso suo amico, il Giordani, se in quella dianzi assegnata lettera con bella popolesca libertà scartò i titoli, e la terze per- sone, fu tuttavia (siccome conoscente dell' umor dell' uomo) ben sollecito, e bene studioso nel dar- negli l'equivalente in altra moneta.

Sarebbe or qui da ragionare alquanto degli amici, e de' commendatori, e de' seguaci del valentissimo nostro Cesari, e di me stesso per conseguente che ho lui in grandissima, e per certo ben debita reveren- za (r); ma l'ottimo, e diligentissimo mio stampatore

---

(r) Sì, *di me stesso*, perchè me ne tocca (povero a me !) la maggior derrata di tutto il male che tacitamente si dice degli amici dell' insigne prete da Verona, nell' allegata opera che i sigg. Monti, e Perticari, facendo tra loro a giova a giova, dieder fuori ultimamente in Milano. E la faccenda star non poteva al- tramenti, posciachè il sig. Monti ci fa certi (vol. I, part. 2, facc. 95) che autore fu egli stesso di quegli svergognati dialoghi pub- blicati nel *Poligrafo* di Milano del 1813 e 1814, e contro i quali

messer Angiolo Clò, che vuol trarsi alla perfine della
tediosa briga di questa mia stampa, mi va bellamente

io (senza saper chi ne fosse l'autore) ebbi ardire di levar la voce
in difesa dell' onorato prete veronese. Or io non mi maraviglio
punto ch' egli allora, seguendo l' impeto dell' adirosa sua natura, si recasse a far mettere in istampa que' suoi vituperosi scher-
ni contra il nostro Cesari; ma ben io del tutto mi strabilio che
voglia egli or di nuovo fargli stampare in questa sua opera, dove egli non parla se non di *urbane critiche* (part. I, facc.
201); e dove con tanta svisceratezza egli si duole di quelle critiche le quali sono inurbane (quivi, facc. 239). E, a dispetto di
tutto questo, se degli *urbani* nomi volessimo *sol tanto* parlare
che il sig. Monti dà a tutti quei che sentono altrimenti ch' egli
non fa, io per me non so che giudizio portare l' uom dovrebbe
dell' urbanità sua. Ma in verità queste son cose proprio d'un
altro mondo, e non le può credere chi non abbiale ancor lette,
così come furon elle dettate, e ad una ora messe a veduta in una
stessa opera. Buon per noi però che si sa oggimai troppo bene
che la veracità de' giudizj del sig. Monti non deesi già misurare
con la grandezza dell' ingegno suo, ma con la maggiore, o minor
quantità d' umor malinconico che a quando a quando par che
gli anneri la fantasia. E così, anzi a lode, che a biasimo tornano
quasi sempre le oltraggiose villanie che in que' suoi furor poe-
tici gli cade per mano di dir degli uomini, e delle cose loro. E
così crebbe egli onore a quel valentuomo del nostro dabbene sig.
Urbano Lampredi, quando immeritamente tentò di vituperarlo
con un suo schifoso scritto. E così, con que' soprammentovati
indecentissimi dialoghi, e con altro dato fuori a questi ultimi
tempi, egli ha cresciuto onore, e fama, e pubblica venerazione
all' ottimo sig. Abate Cesari da Verona.

Del rimanente, vuolsi anche dire che il sig. Monti, per iscusa
di queste sue valentìe, ci mette in mostra i rotamenti della mente
sua con questo dettato: *Irasci celerem, tamen ut placabilis es-
sem* (vol. I, part. 2, facc. *XVI*). Or, se l'avviso non m'inganna, a me pare che con questo egli significar ne voglia che, quando
egli ha *urbanamente* rotto altrui il capo, e che l' uom dal capo

stimolando, e dicemi con ragione, esser tempo oggimai ch'io la faccia finita, e che a lui non dia più
lunga noia per questo. Acciocchè dunque questo valentuomo, il qual però è di dolcissima natura, non
avesse alla fin fine a stizzire, io non farò quì motto
se non di sola una di tutte quelle stomachevoli spia-
cevolezze che nell'opéra del sig. Monti a man piene
sono profuse verso tutti coloro i quali seguono le
belle letterarie dottrine del Cesari, e che sono amici
suoi. E per certo io non posso tenermi di non far
motto almen di quella una; e anche perchè ella ci
viene dal canto donde parea che venir non dovesseci,
e per cosa di cui certissimamente *non ei sentiam*
nocenti. Io voglio dunque dire che mai non ci saremmo fatti a credere che il signor Perticari (quantunque, al fatto dello svillaneggiare, nè ancor egli
sia molto segnente) si lasciasse tanto vincere al
parentesco amore, che volesse tacciar di *faziosi*,
non meno il Cesari, che me, e gli altri dell'onesta
nostra brigata (s). Or che vuol dir cotesto? Noi siam
dunque *faziosi?....* ed in che?.... e perchè cagione?.... Forse perchè siam difenditori della dottrina
del dover puramente scrivere questa bella lingua?
Ed esso il Perticari forse non chiama vili, e scorati

rotto non se ne risente punto, o anzi gli fà di berretta per rin-
graziarnelo; e' va tosto incontrogli con un suo bossoletto d'em-
piastro, e generosamente il medica egli stesso delle *urbane* maz-
zate che gli diede.

(s) *Proposta*, ecc. Vol. I, part. I, facc. 195.

Italiani i corrompitor di quella? Or vedi come anche
i più addottrinati uomini piglian talvolta le cose a ritroso! Noi credevamo che a così fatti difenditori dovesse convenirsi il nome di diligenti, di zelosi, o al
più al più (se così piacesse alla men coscienziosa
gente) lor dare si potesse il nome di rigidi uomini;
e che per converso l'appellazion di *faziosi* fosse da
lasciare sol tanto per quelli che impugnan la lancia,
e mettonsi a sostenere le non ortodosse dottrine del
dover *comparire nell' abito che le più savie persone
già* indossano, *e le imperiose circostanze de' tempi
richieggono*. Ma noi l' abbiam fallata : il sig. Perticari s' è incapato a vedere in questo *due fazioni*;
e, che è più, affermando di volere *starsi in mezzo*
quelle due (t), egli non si stanzia dimeno proprio nel
cuor del campo de' veri *faziosi*, e rizzavi anche
bellamente il vessillo suo, e di quindi ne fa egli pervenire i suoi sentenziosi bandi. O vedi mo come,
a dispetto di tanto senno, si trova per vero che avea
gran ragione quel libero uomo di messer Francesco,
quando sentenziosamente egli diceva :

Che i perfetti giudicj son sì rari (u)!

Ma io non procederò più innanzi in questa di-
squisizione. Sarà perciò quello ch' io qui ne dissi,
quasi come l' addentellato di ciò che ad animo riposato

(t) Quivi medesimo.
(u) Il Petr., son. 63.

io n' avrò forse a dire più distesamente. E maggiormente che ho in animo anch' io di mettere ad una ora in disamina alcune cose sopra il Vocabolario della Crusca; perciocchè, sapendo io di certo che in Firenze si sta preparando l' ordito per potere, come prima saran le cose in punto, mettere in sul subbio la tela d'una ristampa di quell' egregia opera, forse non sarà del tutto disutile quello ch' io avrò a dirne. E parlar dovrò con ispezialità d' un *grandissimo lavoro* di sopraggiunte ch' io stesso vi feci, quando quel valentuomo ch' è ora a Sant' Elena, fummi largitore di più ozio ch' io non avrei voluto. Ed ancorachè da quello ch' io voglio ragionar del vocabolario, alcuna utilità non si traesse; io farò tuttavia mio profitto di ciò che mi concede lo stesso sig. Monti, in parlando egli appunto di questo, e dicendo : « La materia che abbiamo preso a trat- « tare risguarda l' universalità della lingua. Egli è « dunque non solamente diritto, ma interesse di « *tutti* il parlarne con critica libertà (z) ». E così io ne giudico, perchè non debbo, nè posso credere che, poichè io ed altri Italiani siamo or fuori del nostro paese, noi abbiam perciò perduto il diritto di ragionare, e dire il parer nostro sopra così fatte sustanzialissime cose della patria nostra; ed anche perchè a me pare che alcuni di questi volontarj esuli (contro a quello che se ne sarebbe dovuto at-

(z) *Proposta*, ecc. Vol. I, p. I, facc. 239, in prin.

tendere, nel caso loro), non solamente il men ch'
essi poterono, sozzaronsi in questa pressochè universale italica corruttela, ma a lor potere procac-
ciaron anzi che il piuttosto che far si potesse, di
quello schifoso sucidume fosser mondate le italiche
scritture (*).

(*) E perciochè degl' Italiani stati solleciti a questa bell' opera, anche nel loro volontario esilio, io fo grandissima stima,
sia quì tra questi debitamente, ed in ispezialità menzionato il
sig. G. Biagioli, autore primieramente d'una bellissima *Gram-
maire italienne* pe' Francesi che imparar vogliono il dolcissimo
linguaggio nostro, la quale già fu più volte stampata in Parigi.
E dicasi anche quì alla sfuggita come pare non potersi negare
affatto, che assai più sien periti e buoni giudici d'ogni lingua
moderna gl' Italiani, che non facciano gli stranieri della nostra;
posciachè le gramatiche, e i vocabolarj che noi abbiamo tra quelle
e questa, forse tutti da' nostri Italici furono maestrevolmente
compilati. Autore è anche il sig. Biagioli d'un' altra non men
buona cosa, cioè d'una *Gramatica ragionata della lingua francese* per gl' Italiani, scritta con bella italica lingua, sì che qual
de' nostri valgasi di quella per ammaestrarsi nell' idioma francese, piuttosto che più insucidare (siccome sovente interviene a
cui d'altre gramatiche faccia uso) quel poco di lingua italica
ch' e' sa, con le locuzioni straniere; può agevolmente (imparan-
do quivi le belle rispondenti locuzioni italiche) mondar la sua
favella, ed il suo stile, se in lui fosser questi già macchiati di
quella brutta pece. E finalmente autore è il valoroso sig. Biagioli
d'un opera decennale, siccome egli stesso la noma, perciocchè
dieci interi anni la tenne nell' officina, ed attese a tesserla, e for-
birla con somma cura; e questo è un *Comento* sopra la *Divina
Commedia* di Dante, la quale a quello è congiunta. Solo il primo volume è pubblicato, de' tre ne' quali sarà contenuta l'opera. Ben mi duole all' anima che non abbia io avuto agio di leg-
gerlo alla distesa, da poterne quì dire le più belle particolarità

In somma, mettendo dall' un de' lati ogni aversione ed ogni gara, tutti gl' Italiani possentemente
cooperar debbono a far sì che, non solamente il Vocabolario della Crusca venga fuorì dovìzioso, ed
emendato quanto si possa il più; ma che la nostra
dolcissima impareggiabil favella, per via di questo
e di altri sussidj, torni nella sua natia purità veramente a rifiorire, e a far di sè bella mostra nell'
universalità delle italiche scritture. E questa comu-
nanza di pura e gentil lingua, di puro e bello scrivere sarà anche uno (e non certo de' meno possenti) di que' fraterni vincoli che rannodar ci dovranno alla per fine tutti in quella vera, bella, gloriosa, utilissima, e meritissimamente tanto da noi
sospirata, ITALICA UNITÀ.

che per entro esser vi debbono; ma tuttavia quello che posso affermare, per averlo io alcun poco trascorso quà e là, si è che
utilissimo esso sarà, non meno a' nostri, che a' forestieri, per la
piena intelligenza di quella sublime italica opera di Dante, meritissimamente nomata *divina*. Questo *Comento*, ch'è anche scritto in bella italica favella, sarà per un' altra precipua ragione
cosa pregevolissima, ed utile molto agli stanieri d'ogni fatta; e
questa ragione è che il Biagioli essendo, da moltissimi anni in
quà, pubblico e con giusto titolo rinomatissimo professor di lingua
italiana in Parigi; tutti que' luoghi della *Divina Commedia*, in
quelle innumerevoli sue annotazioni, ha maestrevolmente aper-
ti, e dichiarati i quali, nelle lezioni ch'egli dà di nostra lingua
a' forestieri, a lui parve che avesser necessaria, ad utilità loro,
una più particolare esplicazione.

FINE DEL SECONDO VOLUME, E DELL' OPERA.

Chi sa come sia difficil opera il pubblicar libri immuni da moltissimi errori di stampa, in paese dove gli operaj non sanno la lingua nella quale i libri sono scritti; dovrà ben credere che somma diligenza abbia usata l'accuratissimo mio stampatore sig. Clò, perchè, oltre ad alcune altre leggierissime scorrezioni che si trascurano, non sieno scorsi in questi due volumi, se non che i seguenti piccolissimi errori di stampa, e varietà.

VOLUME PRIMO.

È stampato.   Dee sustituirsi.

È stampato		Dee sustituirsi
	Facc. 19, riga 8.	
entiero		sentiero
	Facc. 20, riga 4.	
richesta		richiesta
	Facc. 34, riga 21.	
ea voi		e a voi
	Facc. 37, riga 18.	
furio		fuori
	Facc. 50, riga 2.	
risonò pur		risonò anche
	Facc. 92, riga 4, e 5.	
di toccar la ragioni		toccar le ragioni
	Facc. 114, riga 21.	
oppor		opporre
	Facc. 176, riga 22.	
e' ponderando		e ponderando
	Facc. 196, riga 8.	
stretto dell'		stretto dall'
	Facc. 323, riga 17.	
oppresi		oppressi

VOLUME SECONDO.

È stampato		Dee sustituirsi
	Facc. 54, riga 13, e 14.	
lnngamente		lungamente
	Facc. 72, riga 4.	
ripsosta		risposta
	Facc. 159, riga 14.	
ad unità		ed unità
	Facc. 203, riga 18.	
annotaz. 9		annotaz. 10
	Facc. 302, riga 3.	
sospresa		sorpresa.

INDICE

Di ciò che nell' opera si contiene.

VOLUME PRIMO.

VOLUME SECONDO.

RAGIONAMENTO III.

FINE DELL' INDICE.

CPSIA information can be obtained at www.ICGtesting.com
Printed in the USA
BVOW09s1009110914

366416BV00017B/377/P

9 781278 150123